桑吉才讓

妙筆丹青

錢陳翔 主编

ཨཱ་རི་མ་པ་ལ་ལ་ཏྲུ་ལ་ཆེ་རི།

藝術家

文 | 黃光男
臺灣藝術大學名譽教授、原校長，臺灣歷史博物館原館長

唐卡即是佛像畫，於寺廟作為佛教傳達心性與信仰的藝術創作。在數千年來，我們均可從宗教寺廟中看到以佛祖釋迦牟尼畫像為中心的唐卡作品，除了可以取於掛畫外，亦有在壁上繪製者，而所繪畫的內容，則有萬象之尊、百態之性，對於佛教教義的宣傳，以及佛法無邊的故事，具有視覺可證的效果。

當然，唐卡藝術的發展，與宗教的信仰息息相關。在畫面上，我們可賞析的佛祖說法的尊顏之外，凡與佛相關之法像，相契之品名者，都是繪製的對象，好比觀世音、文殊阿難等護持之像，或護法金鋼像等等，必有畫面上把佛祖一生修行轉世的故事，明確地表現出來。

故事中的情節曲折生動，善惡鮮明的觀念，或是倫理思想的闡釋更是宗教的本質，所以如屍毗王割肉貿鴿、月光王施頭、九色鹿拯救溺人等等故事，都是使之望也感動之像。如此說來，唐卡的製作，固然是信仰，也冥思可以崇拜，本體上就是以「觀想」作為藝術表現的形象，其選境亦在膜拜中依佛法規律製作，雖是宗教性的沉思，亦然具備了人間裝飾並為善的藝術創作。

茲於今朝首見年輕唐卡製作家桑吉才讓的作品，一時驚喜觀望在精細調度，以其工巧技術的能量，才有上進初心陳述。這位傑出的唐卡創作者，在畫面上看他的活力跟信仰，雖然不全明白信仰筆墨的門軒，但就他諸多的作品中，看到些許令人深切的技法，以及其未有自的唐卡製作規範。

桑吉才讓先生，是藏族青海南州人，也是青海省一級工藝美術大師。以一位青年藝術家，能得到如此輝煌的成就，除了他有宗教信仰外，藝術品創作，必得有先天的才情，與後天的努力。先天可能來自生活中的親族關係，例如他的父親就是當地著名藏傳佛像雕塑家，不論耳濡目染，更重要的是基因的承繼與湧現，包括了智慧與社會發展能量；後天則是他自身的興趣與奮勵，其中藏傳佛教的種種文化環境包括了建築、設計、工藝與材質的應用，尤其在啟蒙時期，拜師研習的師傅是國家級工藝大師，也是大畫家張大千先生的得意弟子，並尊為國家非物質文化遺產傳承人，他就是夏吾才郎先生，桑吉才讓先生得有他的親授，唐卡藝術的創作加上心靜性定的節操，唐卡藝術，或為如敦煌諸佛造像，均能入木三分，得有一錘定千音的力量。

此次觀賞他的唐卡製作，引人入勝的是，他在製作這些精彩的圖像中，首思精細繪像的《佛傳圖》，使明白循規法律的尺度，絲毫沒有青空遊樂的障礙，而能在淨手悉心的狀況下，以佛像圖引中的度量經為標準，將佛祖釋迦牟尼的座像呈現出莊嚴尊重的姿容，不論是髮髻、持缽、花果、祥雲、或佩飾之法器，均依佛像製作法，明確表達心性之於神性的肅穆，以顯示出宗教信仰的萬端情思。

再者賞知主神像的動態，除了神仙尊容外，或有傳奇故事中的帷幕、團花、閣軒在佛祖的左手施禪定印，右手施觸地印的圖義上。有了萬象繁華，佛家百吉的隱喻，非以唐卡之藝術現在的信仰，但大家庶民在其精細的描繪形式中，總會出現形式的聯想。而這個特質正是東方神秘美學產生的原因，也是宗教派別中

「禪宗」的訂規，以心悟隨行，而大智頓開的力量，教化大家。

誠是言，我們再思索桑吉才讓在唐卡畫面上的技法，包括線條的應用，全在中國人物畫中的鐵線描技法，使主要輪廓線或線描得到「定位意識」的功能，觀賞很明確可以在主體上瞭解取景的鮮活與旋律。不論是法場器皿或植栽的形式相襯，在線與線之間，圖與地之反轉，都得到藝術學中的繼承蘊含的力量，以及時間與空間的比例定性，其中被尊為主色調的黃色、綠色與紅色，或神靈的代表色，在填補空間聯結的造境都是藝術工作者別具能量的表現。

基於此，我們再賞析桑吉才讓的作品中的蓮花生大師八相佛。主體是蓮花生大士外的八種變相，除了主相的法力相關的手持法物外，對於各物相的喜怒哀樂的表情或祥雲、火焰、象柏、龍吟等姿態，都在蔓藤相佐的襯托，使畫面栩栩如生。換言之，唐卡法相為信仰性的莊嚴，但藝術性的裝飾或圖像，卻是藝術創作者才情的表現。

在此亦可看到，桑吉才讓其他的作品，如釋迦牟尼與十八羅漢圖像、千手觀音、獅子吼菩薩、天降佛等等作品，更可發掘他在創作時的心空性靜的態勢，在主相與取景之間有了更為靈活的筆墨技巧。以及綠度母、或敦煌盛唐觀世音大士像等等的佛像造境，其所展現的藝術性美學，在宗教信仰的主調上，有了時代性與社會性的再生能量。

對此，宗教與藝術的連結，必有主客體中的想像與造境。密宗或藏傳佛教的文化信度，亦在社會教化的傳承中，數千年來的淬煉，所保有的精神文明，得在中華文化中被尊崇並傳達了神靈天眼，吉祥集善的意義，所謂的「千古如新，無非一靈以神其間」,而當其精靈者，則是「說任一客體之各種高貴聯想，必可裝飾該一客體。」（桑塔耶那語）。唐卡是畫佛像，在畫像與掛像之間，創作的法則，具宗教內涵，實是藝術性意涵的現場。

桑吉才讓先生的唐卡作品賞析其才情與創作內力，即如佛像之體光或頭光之閃亮，在形式美中得到宗教信仰的真實，在內容美的故事衍伸為人間淨土中的故事；在藝術表現中則得有飽和圓滿的美感，或可以以白居易的話語說，桑吉才讓的唐卡畫表現了「形真而圓，神和而全」的境界。

文 | 潘震宙
中華人民共和國文化和旅遊部原副部長，國家博物館首任館長

序文二

桑吉才讓是青海省熱貢唐卡大師，當代中國唐卡藝術最年輕的代表性傳承人之一。

有著1300多年歷史的唐卡，不僅是藏族文化中一種獨具特色的繪畫藝術形式，也是中華優秀傳統文化的瑰寶，更是全人類的藝術精神財富。

「唐卡」一詞來自梵語，意為「在有限的空間展現無盡的世界」。唐卡是隨身攜帶的廟宇，它用明亮的色彩描繪出神聖的佛的世界，有見賢思齊教化之德，向世人傳達了和諧、美好的期待。歷史上的唐卡大都由高僧大德親自繪製完成。繪製唐卡的過程也是一種修心的過程，大德們修行的境界、慈悲的發心，都會賦予唐卡相應的精神力量。

唐卡畫師被稱為「拉日巴」。桑吉才讓說：「仿佛是芸芸眾生有一些人註定被選中，去描繪那永恆的人物」。一幅唐卡的創作，流程繁雜，費時許久，少則數月，長則數年，謂之嘔心瀝血，並非誇張。我深以為，對唐卡藝術的傳承，既是對藏族繪畫藝術的傳承，同時也是對大國匠心精神的傳承。

桑吉才讓八歲學藝，師出名門，學養深厚。他的恩師夏吾才郎大師在20世紀40年代曾跟隨張大千先生臨摹、研究敦煌壁畫近三年之久，這對其形成獨特的藝術風格起到了重要作用。夏吾才郎大師的唐卡作品中，中原工筆畫的諸多工藝元素和飛天形象等諸多藝術元素融為一體。桑吉才讓深受夏吾才郎大師的影響，以求實的工藝功底作為出發點，以追求完美的藝術境界作為落腳點，把工藝和藝術融為一體，堅持不懈地實現自我突破。經過20多年的藝術砥礪，桑吉才讓終於迎來了他的創作豐收期。

桑吉才讓把傳承唐卡藝術當作自己的責任擔當。近年來，他一直在思考熱貢唐卡藝術在當今社會中如何創新和發展的問題、傳統工藝與現代審美取向融合的問題，試圖在唐卡藝術的傳統工藝和現代藝術審美觀之間，建構當代中國熱貢唐卡的色彩語言。傳統的熱貢唐卡畫得很細很滿，觀眾不知從何著眼，看起來很累還看不懂。有感於此，他嘗試從視覺藝術形象入手，把諸多相互矛盾的美學因素有機結合，把嚴謹的佛法內涵，用超強的藝術手段簡要地表現在每一幅作品當中。

桑吉才讓的作品從佈局設置、設色規律、色彩的獨特性上，體現出了嚴謹而大氣、簡單而細膩、既傳統又現代的藝術感染力，令觀眾能以輕鬆、喜悅的心情，既欣賞到作品精湛的筆法和超強的藝術手段，又感受到佛法智慧的深刻內涵。這是桑吉才讓把西方美學的視覺、東方美學的空間和唐卡藝術的精湛筆法結合起來，努力探索富有時代精神的美學語言的積極成果。

曲盡法度，而妙在法度之外。我贊成桑吉才讓對唐卡藝術的見解，贊同他為此而作出的勇敢實踐。藝術的傳承和創新，將有可能催生出唐卡藝術新的表現形式，助力他攀上新時代唐卡藝術的高峰。希望桑吉才讓大師百尺竿頭更進一步，在唐卡藝術的傳承和創新中取得更豐碩的成果。

桑田碧海天
吉光佛心虔
才德交輝映
讓美入筆尖

2021年6月6日

（本文有刪減）

文 | 索南多傑
中國民間文藝家協會副主席，唐卡藝術委員會主任，青海省民間文藝家協會主席

2011年，桑吉才讓第一次到湄洲島媽祖祖廟，適逢朝拜媽祖祭祀大典，氣勢磅礴、恢弘壯觀的祭典儀式深深打動了一顆信仰的心。

作為一個虔誠的佛教徒，在感受著媽祖信仰力量的時候，桑吉才讓第一時間想到了藏地普度眾生的度母，這是一位精心呵護著你，為你指點迷津，保駕護航的精神上的母親。

「立德、行善、大愛！」桑吉才讓說起媽祖給自己帶來的震撼，這是發自內心的認同感，信仰的力量源流一脈。媽祖是流傳於中國沿海地區的民間信仰。是歷代航海船工、海員、旅客、商人和漁民共同信奉的神只。民間在海上航行要先在船舶啟航前祭媽祖，祈求保佑順風和安全，在船舶上立媽祖神位供奉，目前全球有兩億左右的信眾。

媽祖不是傳說，不是神話，而是真實存在的人物，桑吉才讓認為：「媽祖精神與佛教文化中的唐卡創作的價值觀是相同的，有著千絲萬縷的相似之處！」以唐卡創作技藝描繪媽祖，是否可行？是單純畫個媽祖神像？還是可以另闢蹊徑、打破傳統思維，更深層面地表現出媽祖信仰的精神內核？

一顆萌芽在心底紮根，但桑吉才讓並沒有急於下筆，而是在心裡默默領悟媽祖文化，積蓄著潮湧的力量。

此後桑吉才讓去了湄洲島不下10次，3次深入采風，7次融入當地民眾當中。有一次，桑吉才讓沿著萬人廣場的臺階一級級往下走，在海平面的視角，仰望媽祖神像，突然爆發出了靈感：媽祖在注視著芸芸眾生，她的大愛與願力，每一個在大海上漂泊的人都能感受得到，消災去難，無不感應。

當靈氣縈繞在湄洲島上，桑吉才讓對自己將要落筆創作的這幅作品有了清晰的思路。「媽祖神像不一定要在畫面中心」「要有大的氣勢，遙相呼應的情節要畫出來」「人物要多，要表現出哪裡有華人哪裡就有媽祖信仰」「尺幅要大，要充分體現五洲四海前來朝拜的信徒」「要讓人感受到中國人的海洋開拓精神」……

2014年，桑吉才讓撐開畫布，以虔誠之心落下第一筆！

接近6年的時間裡，桑吉才讓潛心繪製這幅作品：寬3.23米（代表媽祖生於3月23日），高2米，畫面中廣場上通往天后的臺階陰陽交替、虛實結合、層次分明，再現萬民朝聖的盛況；海面隨波搖曳的25只大小帆船遠近適度、疏密得當；537位氣韻高雅、豐麗細潤的人物形象氣勢恢宏；兩尊隔海相望的媽祖像，寓意海峽兩岸血脈相連、文脈相傳的手足親情；代表著中華民族多元一體的56朵牡丹花迎風招展，祥雲繚繞，彰顯著國泰民安的盛世美景。

青海省民間文藝家協會主席索南多傑高度評價這幅作品：既有鮮明的沿海地域性特徵，也有融合多種創作風格的綜合性特徵，更有惟妙惟肖、栩栩如生的藝術審美性特徵。桑吉才讓以堅定的文化自信和高度的文化自覺傳承發展中華優秀傳統文化。

福建省美術家協會主席王來文也讚賞不已：此作品法度精嚴，用線工整流暢。背景吸引採用青綠山水畫法襯以民間花卉圖案，格外見出匠心。畫面富麗堂皇，又纖毫畢現，極盡

工細。在保持唐卡的傳統美學元素外多了份民間性、純樸味，在莊嚴的神性中融入了溫馨的人性，有了份親切。

這幅描繪媽祖精神的巨制被命名為《神昭海表》，也是很有故事。桑吉才讓有一次到莆田市與一位朋友討論創作中的一些細節問題，無意中朋友說起雍正皇帝為媽祖天后賜的匾額「神昭海表」，那一瞬間，桑吉才讓就覺得這是自己在苦苦尋覓的名字：大海之上，媽祖的大愛無處不在，有所求必有回應！

《神昭海表》的問世，不僅有其藝術價值，而且充分體現出信仰的力量，還讓人感受到中國人的海洋精神。

以筆修行，唐卡大師桑吉才讓懷著虔誠之心，融會貫通，為我們徐徐拉開一幅矚目的畫卷……

Ⅳ 目錄

ཀྱཻ་རི་མ་པ་ལ་ལ་ཀྱེ་པ་ལེ་རེ།

CONGYI

ZISHU

從藝自述

我出生於青藏高原熱貢地區的一個唐卡世家，我的祖輩們世世代代以繪畫唐卡為自己的職業，以繪畫唐卡為職業的人，藏族人尊稱為「佛畫師」，意為專繪佛菩薩形象的畫師，在藏區視其為一種神聖的職業。這種職業有其獨有的傳承規律和傳承特性，在熱貢唐卡藝術傳承過程中，血緣關係發揮著重要作用。家庭既是技藝的創造者、傳承者，也是技藝的唯一受惠者。我的祖輩們憑藉這些秘不傳人的祖傳技藝、秘方，在服務社會的同時，也維護了本家族的自身利益。「祖傳秘方」中的一個「祖」字，已經將家族觀念在技藝傳承過程中所發揮的作用展示得淋漓盡致。

受家庭環境的影響，我在上小學時就利用業餘時間跟隨父親學習造像度量經中的各類法度，也就是造像藝術的各種比例的計算方法及骨架塑造方法。我的父親雖然精通唐卡藝術，但他偏愛的強項是泥塑藝術，父親說泥塑藝術其實是唐卡藝術的立體化形象。

我八歲的時候，父親帶我去拜本村德高望重的唐卡藝術家夏吾才郎先生為師，我們全村的藝脈傳承體系一致，而村裡人互拜師徒是一個傳統習俗，我的唐卡藝術生涯就是這樣開始的。

我的老師夏吾才郎先生是新中國成立後，唐卡藝術界的第一位中國工藝美術大師，我的一位姑姑是他家的兒媳，憑藉這層關係，我的父親把我託付給老先生學習唐卡藝術。那時候，我每天白天去老師家裡學習，主要學的是造像度量經上的各類佛身形象的比例框架，老師對我要求特別嚴格，他每天上午用短暫的時間給我講當天要學的某一類佛像的比例及造型方法，然後安排我在紙上繪畫，快到中午的時候老師來檢查我的學習情況，他在檢查我作業的過程中拿著鉛筆一邊修改一邊講解最精准、最簡便的繪製方法，並指出唐卡藝人容易犯的錯誤。午飯後我按照老師的指點反復修改上午的繪畫作品，天快黑的時候，老師再次檢查我的作業，並做出修改講解，直到天黑後我才能回家休息。

我們家鄉有個傳統習俗，就是每天早晨每家每戶都有一個人要去附近的吾屯下寺煨桑祈福。我每天清晨洗漱後就去寺裡煨桑，早晨的這個時間段，恰恰是寺裡的專職僧人按各自職責打開每座佛殿的大門，進行供水誦經的時間，大約需要一小時，我每天就借此機會觀摩佛殿中的各種壁畫和唐卡。每天早晨我觀摩的時間雖然短暫，但諸多神聖莊嚴的法相和色澤已然銘刻於我心中，如修行一般明朗，佛菩薩目光中蘊含的慈悲智喜的世界，被身心所感知，眼前的這一切，使我感覺到我每天早晨面對的是熱貢唐卡藝術最龐大的基因庫。

我們家有早睡早起的習慣，每天晚上吃過晚飯後全家人聚在一起念誦一會兒佛經，然後看一會兒電視節目就要睡覺。自從學習唐卡以後，我每天晚上躺在炕上蓋著被子閉上雙目準備入睡時，眼前出現的都是早晨在寺院的佛殿中看到過的壁畫和唐卡，而且其中的部分畫面和局部的一些細節反復出現在眼前，此時此刻頭腦越來越清醒，眼前的畫面不斷牽引著我的每一根神經，由於每天早晨看得不一樣，晚上眼前出現的畫面也各不相同，我開始用右手食指在被子上繪畫眼前出現的佛像及每一根線條，好像自己在一種幻覺般的意念或夢境中，在一個無邊無際的空間中繪畫。有時候在繪畫某一個細節時反復臨摹過度用力而突然驚醒，有時候隨著手指的運動整個靈魂飛入到一種深遠的意境中不知不覺進入了夢鄉。

年復一年，日復一日。老師開始讓我在他起稿的唐卡上設色時，我覺得真正的學習才剛開始。在設色、暈染、過渡的各個環節，我嚴格按照老師的傳授進行創作，逐漸成為了師兄們的助手，從這時候起我就在老師的訂單作品上開始發揮自己的才能。我開始創作獨立作品，在拉金線、鑽研線條的博大內容時，老師把我託付給他的兒子更登達吉大師繼續深造，更登達吉大師身為佛僧，對弟子的要求甚嚴，我跟隨他到安多地區諸多寺院進行過壁畫和唐卡創作，特別是吾屯上寺新建的彌勒佛大殿中，我們共同繪製的《上師供奉圖》大型唐卡，得到了眾多熱貢藝人的高度評價，同時也得到了夏吾才郎大師的充分肯定。從這時候起，我在我們家鄉成為了最具代表性的年輕一代唐卡藝術傳承人之一。

上世紀四十年代，我的恩師夏吾才郎應邀跟隨國畫大師張大千先生到敦煌臨摹壁畫三年多，期間受文化藝術交流的影響，老師的畫風產生了較大的改變，把熱貢唐卡藝術推向了一個新的高度。對文化藝術而言，交流、研究的最終目標是為了更好地傳承發展。2011年我第一次到湄洲島媽祖廟，適逢朝拜媽祖祭祀大典，作為一名虔誠的佛畫師，在感受著媽祖信仰力量的同時，我想到了藏地普度眾生的度母。媽祖精神與佛教文化中的唐卡創作的價值觀是相同的，媽祖是保佑航海平安、吉祥安康的女神，以唐卡創作修行之舉與這位全球信眾達3億人之多的女神之靈如何對話？此後我去了湄洲島10次，3次深入采風，7次融入當地民眾當中，深入瞭解媽祖文化的藝術審美和文化資訊。

2012年，我開始創作《神昭海表》，這是用唐卡藝術語言表現媽祖信仰的創新佳作，這是熱貢唐卡藝術發展史上首次與代表中國海洋開拓精神之女神對話的精美佳作，也是高原文化與海洋文化的碰撞交流。任何畫家都以其作品的完成來實現自身的藝術追求，作品一經形成並投入「欣賞流通」過程，或多或少都會產生為畫家所始料不及的藝術審美和文化資訊。就此意義而言，作品之文本具有超乎畫家所認同的價值，而對文本的認知又必然是通過對形式的感悟及理性的昇華來完成的，所以《神昭海表》在所呈現的意念世界中具有互補關係的結構層次，給觀眾留下了深刻的影響，並得到藝術界的高度評價。

經過二十多年的努力，我的唐卡作品的主要特點是在直接繼承前人繪畫技藝精華的基礎上，極其體現出了線條的質感，線上與色彩的關係、與筆的關係、線與空間的關係、線與造型的關係、線與作者情緒的關係、以及線給觀者留下的思考等方面有了突破性的進展。

2013年我被認定為同仁縣熱貢唐卡藝術代表性傳承人，2014年我被認定為黃南州熱貢唐卡藝術代表性傳承人，同年被評為青海省一級工藝美術大師，並榮獲了青海省文學藝術獎。

以上我口述的這些成績，主要是黨和政府長期以來關愛和支持民族傳統文化的結果，我做了一些自己本來就應該做的小事，但黨和政府卻給了我崇高的榮譽和尊重，這充分體現出了黨和政府對我們這些藝人的無比關懷和幫助。

桑吉才让

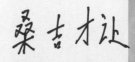

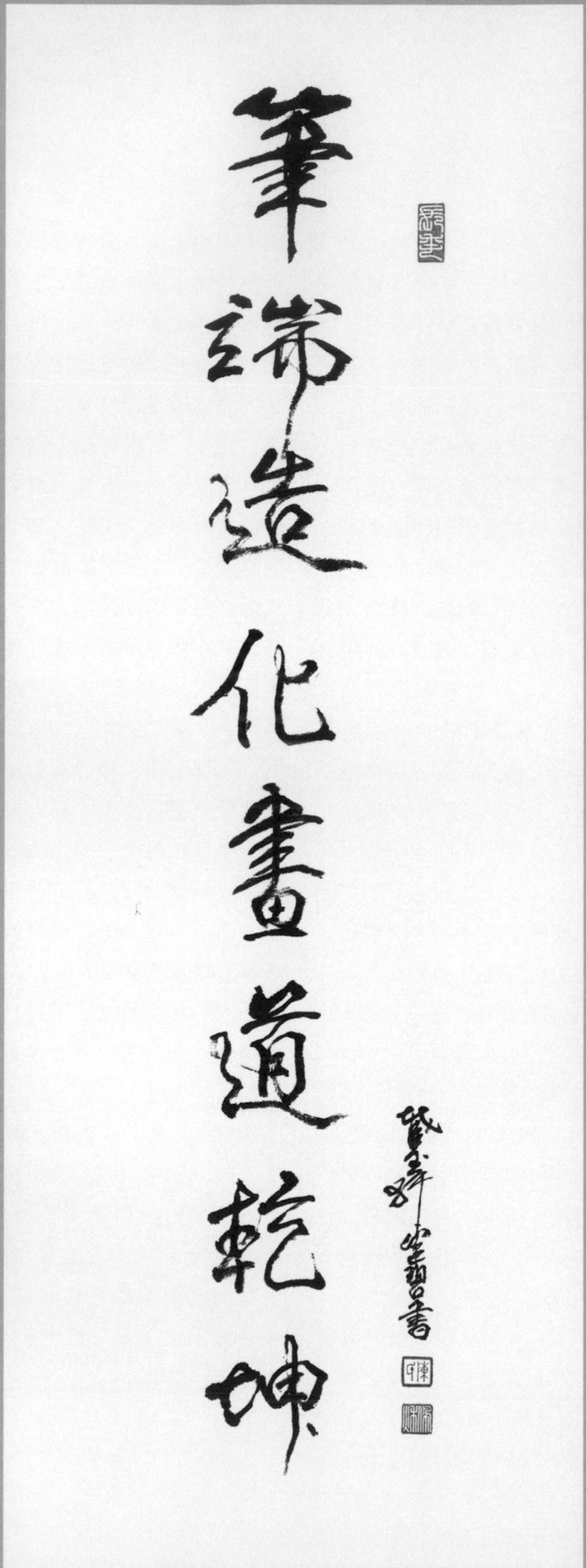
筆端造化畫道乾坤

二十世紀末海上畫派重要代表人物，「中華人民共和國文化部先進個人獎」

「上海文學藝術獎終身成就獎」獲得者 陳佩秋 題字

手

SHOUGAO 稿

更登達吉

中國工藝美術大師、國家級非物質文化遺產項目「熱貢藝術」代表性傳承人

在中國工藝美術大師夏吾才郎和更登達吉父子的直接培養下，桑吉才讓經過自身的刻苦鑽研，在熱貢唐卡藝術的傳承發展中成為了最具代表性的傳承人之一。1940年張大千邀請夏吾才郎大師等赴敦煌莫高窟臨摹壁畫期間，夏吾才郎大師飽覽敦煌壁畫的藝術精髓，厘清了上至魏晉，下迄宋元各個歷史時期的繪畫風格與特點。特別是隋唐以來的人像，形神兼備，光彩照人，已到達了至精至美的完美境界，這些對夏吾才郎大師的啟發巨大，使他日後的唐卡繪畫風格為之一變。桑吉才讓受兩代大師的影響，直接繼承了兩位恩師強調的恰如其分地表達意境、線條疏密有度而不繁雜、穿越空間的線條一氣呵成等核心技藝。他的作品既具有濃厚的生活氣息，又具有豐富多彩的傳統技法，並善於將工筆與寫意融為一體，能給人以一種生氣蓬勃的藝術享受。桑吉才讓的唐卡作品設色亮麗柔雅、人物形象飽滿莊嚴，用線果斷勁建，線條的粗細變化流暢，圓潤厚重，具有彈性與韻律感。特別是線與空間的關係、線與色彩的關係、線與造型的關係中突出表現出了其獨特的藝術審美和文化信息。

卓新平

中華人民共和國全國人民代表大會常委會常委，
中國宗教學會名譽會長，中國社會科學院世界宗教研究所原所長

青海熱貢是唐卡藝術人才輩出之地，筆者曾到熱貢訪問過幾次，有幸結識了幾位唐卡大師，也參觀過他們在北京的展覽，留下了深刻印象。這次經朋友介紹而得以觀賞桑吉才讓大師的唐卡作品，頓有眼前一亮之感，為其精湛的技藝所折服。桑吉才讓大師是唐卡藝術領域的後起之秀，為近些年嶄露頭角的青年才俊。其藝術天賦和創新靈性在這些唐卡作品中得以充分地展現。這裡，青年大師脫穎而出的才氣給觀者帶來了耳目一新的驚喜和感人心弦的震撼。其作品在題材內容上緊扣在藏傳佛教中被視為核心的釋迦牟尼佛、觀音普賢等菩薩形象，以及蓮花生等獨特而生動的藝術造型，在創作方式上則涵括金唐、彩唐、紅唐和墨唐等唐卡基本形式。而且，作品色彩明朗和諧，線條靈動流暢，並以貼近人間真情的筆觸展示出佛像的莊重威嚴，菩薩的慈悲關愛，故此充分體現出唐卡這一「藏畫」的精髓之所在，讓觀眾體悟到其作為「流動的寺廟」之寓意，以及所表達的「虔心萬相」之境界。祝桑吉才讓大師在唐卡藝術大道上繼續突飛猛進，願我們能不斷領略、欣賞其藝術生涯中的累累碩果。

手稿（一）　1998年（10歲）

手稿（二） 1998年（10歲）

手稿（三） 1999年（11歲）

手稿《伎樂天》 2005年（17歲）

手稿《祈禱》　2006年（18歲）

手稿《十世班禪大師》 2006年（18歲）

手稿《無常》　2007年（19歲）

手稿《地藏菩薩》　2007年（19歲）

手稿《民族舞蹈》 2009年（21歲）

手稿《吳承恩》 2009年（21歲）

手稿《和睦圖》　2009年（21歲）

手稿《天女》 2009年（21歲）

手稿《格薩爾王》　2010年（22歲）

手稿《仕女》 2017年（29歲）

手稿《釋迦牟尼佛》　2017年（29歲）

手稿《文殊菩薩》 2017年（29歲）

文殊菩薩

畫作賞析

這是一幅文殊菩薩素描手稿，熱貢唐卡的草圖是採用楊樹或楊柳樹的樹椿劈開後燒制的木炭筆畫的，木炭筆的特點是線條粗、容易擦抹修改，線條粗的優勢是：在一條粗線中最標準的線條體現在其一個部位，其餘都是多餘的，這是畫師給自己創造的一種有選擇餘地的特殊方法。本幅作品的繪畫程式是依據上一道工序的比例圖，首先畫兩隻眼睛，然後把眉毛、鼻子、嘴唇、臉廓、耳朵、頭髮外線髮髻、寶頂等相繼畫出。通過描繪面部器官把菩薩的慈祥或欲念、表情活靈活現地表現出來。身體骨骼的草圖程式是先從腋內線起筆，構出小肚輪廓，然後畫腳、膝、頸、肩、雙臂，最後畫手指，肚和腳部先畫是為了保證整個畫面的沉穩，也就是整座佛像的基礎部分。

經過木炭筆起稿的草圖進行確認，把粗線條中最標準的部分用鉛筆或碳素筆畫出細節，然後擦去木炭筆跡線條的多餘部分，最後用墨勾線完成，就形成了白描唐卡。桑吉才讓的這幅白描唐卡，打破了最後用墨勾線完成的熱貢白描唐卡流行模式，衝破傳統繪畫框架，以素描手法完成作品，表達了自己的審美理想，而審美理想所賴以寄託的藝術形象，也必然要反映他個性的選擇。

文殊菩薩的本像均以右手持劍、左肩負經為標誌。其中，劍是智慧之劍，比喻智慧敏銳，象徵文殊的智慧如利劍，意為慧無天，文殊了知有情諸行及八萬四千法門，乃至有情義利未盡完成，無礙解慧亦無窮無盡。這慧劍不摧毀密乘律儀所說根本罪及無明、貪、嗔、慢、疑、見等六根本煩惱，清楚三界所有欲漏和有漏二者之所依。般若經書象徵慧度，智慧所具備反面錯亂惡慧，無分別心證法無我，能令所欲圓滿成就，能令三乘種姓成熟等妙慧顯明。

這幅作品充分利用墨線條與空間的對比，表現出文殊菩薩充滿智慧的佛法氣質。畫這種黑白素描唐卡的單佛首先要深入瞭解物理，觀察物態，體會物情。蘊藏胸中，呼之欲出，才能筆放心閑，心手相印，隨心所欲，涉筆成趣，而且立意崇高。這幅畫雖是文殊菩薩獨像，但具有大寄託和深遠意境，表現出了文殊菩薩集諸佛智慧於一身的佛教文化雄厚的氣韻。畫中的文殊菩薩輕鬆而自然地坐在蓮花中央，近看塑造結構清楚，遠看精神面貌生動自然，荷花花瓣及花蕊鮮明地勾畫出了

嫩瓣綻芳的活力，脫離了折枝花卉畫的境界，雖然畫的是一朵花，亦有咫尺千里之意，給觀者以清新之感。

文殊菩薩白描唐卡是獨幅精品，作者並非簡單地描摹前輩畫師的樣本，而是以個人的感悟將題材本土化，其結構簡單，人物神態充足，技法十分精湛，作者在筆與墨的有機聯繫中既表現了質感，又表現了量感和情意。筆簡意備，遺貌取神，不背情態。筆是骨，墨是肉，工筆勾畫人物形象及景物是此畫中最核心的技藝，有的線條左右穿插有致，足見巧思和功力。人物形象飽滿莊嚴，用線果斷勁健，線條的粗細與其塑造人物形象的尺寸相應。線條粗細變化流暢，圓潤厚重，具有立體效果。線條隨人物形象和重力作用，自然地呈現弧度，產生飄逸流動之感。其自然的弧度契合了人物著裝後在重力作用下所形成的衣紋，線條圓勁，具有彈性，其粗細變化微小，只在收筆處露尖鋒。其面部用線雖然短促，但使用精准的短弧線，根據人物特徵的要求刻畫十分到位。此畫特意細繁地描繪了菩薩頭飾的每一個細節，與簡單的著裝產生鮮明對比，從意念上體現出了菩薩的莊嚴和尊貴，工筆上充分顯出了藝術家經過長期鍛煉的極盡細緻。整幅畫用鉛筆簡練描繪，用筆灑脫自如，善於運用強烈的明暗對比，和流動的線條來加強畫面的運動感，畫風豪放細膩，線條靈動講究虛實變化，使畫面顯得輕鬆、典雅、生動，從而把熱貢白描唐卡從原來的「底稿」形式提升到一種新的藝術作品的高度展現在世人的面前，這種植根傳統不斷創新的舉措將給熱貢唐卡藝人和廣大藝術愛好者提供了一個具有參考價值、學習價值、研究價值、收藏價值的嶄新平臺。

手稿《馬》 2017年（29歲）

手稿《文殊菩薩》 2017年（29歲）

手稿《自在觀音》　2019年（31歲）

手稿《觀音》　2022年（34歲）

王來文
中國美術家協會理事、中國畫藝術委員會委員，福建省文聯副主席、書記處書記，福建省美術家協會主席

有的藝術作品是養眼的，怡情而悅目；有的藝術作品是養心的，昇華精神淨化心靈，與宗教一般，唐卡藝術即屬後者。

唐卡，系藏文音譯，指用彩緞裝裱後懸掛供奉的宗教畫。是藏族文化中獨具特色的繪畫形式，也是中華民族繪畫藝術的珍品，具有鮮明的藏民族特點，特別具有濃郁的宗教色彩。唐卡採用明亮燦爛金碧輝煌的色彩描繪神聖的佛陀世界，在顏料上採用金、銀、珍珠、瑪瑙、珊瑚、松石、孔雀石、朱砂等珍貴的礦物材料，間用些藏紅花、大黃、藍靛等植物為輔料，以示神聖。這些天然性材質保證了唐卡的色澤鮮豔，璀璨奪目，可經幾百年的歲月浸染仍色澤豔麗明亮。

唐卡的繪製要求嚴苛，程式複雜。繪製用時較長，短則數月，長則數年。

接觸和瞭解唐卡繪畫藝術是很早的，但具體時間無從記起了。前些年在與唐卡繪畫大師尼瑪澤仁先生的交往交流中請益頗多。視覺衝擊印象最深刻的是約八、九年前，京城的好友陪我到雍和宮參觀時。雍和宮曾是大清朝雍正帝和乾隆帝生活的地方，置身雍和宮，還能感受到散落在空氣中的皇家餘韻。陳列在雍和宮的宮藏唐卡藝術作品精緻無比，與殿中供奉的佛像雕塑交相輝映，雖穿梭幾百年了，仍金碧奪人。那幽幽的神秘氣質令人迷醉，散發出的莊重與神聖的宗教氣質，似一縷輕風掠過，頓覺目明神清。讓我自此對唐卡藝術更是心生恭敬，恭敬其藝術魅力，更恭敬唐卡繪製者宗教般的藝術信仰。

有了更多對唐卡藝術的感受，是在認識唐卡藝術家桑吉才讓畫師之後。初見桑吉才讓，他面帶吉相，一臉喜氣，微微一笑，三分可愛七分懇切，加之言辭誠懇動作憨態，頗是親切惹人，似故知。他是一位實誠厚道之人，無半點狡氣，亦無半點江湖氣，有的是一股西北漢子的英氣俠氣。桑吉很年輕，與他成熟的思想和處事相比對，有時不敢相信其年少的年輪。他平和穩重，不爭，不急，

無一絲驕狂，天生帶著一股宗教行者的靜氣，淳樸中有激情有熱誠，樸實中含著智慧。他的純樸是本真的，純然天生，油然地散發，這種本真在當下萬眾趨利的世俗中尤顯珍貴。他身上有藏族藝術家的佛性，又有當下年輕藝術家的潮尚，是傳統藝術的修行者，也是當代的藝術行動者。

桑吉才讓出生在藏民家庭。身上藏民族的美德與品質依舊。作為當地著名的藏傳佛像雕塑家的兒子，桑吉才讓沒有子承父業從事佛像雕塑，然其父親的藝術基因在血液中遺傳，其通身上下湧動著與生俱來的藝術細胞。按藏民族的傳統，桑吉自小經謹嚴的儀式拜當地著名的唐卡大師夏吾才郎為師。夏吾才郎是藏區德高望重且影響力甚大的唐卡藝術大師，桑吉才讓跟隨夏吾才郎大師規範學習勉唐派唐卡繪畫。勉唐畫派是唐卡影響最廣的畫派之一，桑吉自小喝著醇正的唐卡母奶長大，是正宗道地的正脈傳承者。十足的正脈，正的如熨斗熨過。桑吉才讓對唐卡有使命有擔當，沒有如其師輩的唐卡畫家安守家園，他出師後不久即走出家園，走出藏區，先是在京城訪師問友，多方遊學，深研唐卡傳統，也不斷向內地繪畫藝術探奧，吸納當代繪畫、當代造型藝術的養分，飽滿自己的唐卡藝術。他在遊學中提高自己，也在遊學中傳播唐卡藝術，以自己的方式推動著唐卡藝術的流廣。而其對古代國畫中佛像的研究，更使他的唐卡作品有了份靜謐的文氣。他近幾年寓居古閩府地榕城，在小西湖旁築畫室「聖唐閣」，畫室不大，充滿濃濃的藏族風情，佈置雖簡樸但甚是用心，臨其境如置身一座藏傳佛教小寺。他安居雅室，吐納閩都文氣、吸呼閩學脈承，在海絲韻緒的愜意中涵養自己，讓小西湖的水氣滋潤作品的靈氣。桑吉作為唐卡畫師，始終保持著藏民族的生活與藝術方式，隱士般的生活，僧侶式的創作態度，這讓其保持著與世俗適當的距離，無疑也讓其作品保持一脈醇正與神性。他雖身在喧囂的鬧市，卻遠離俗務，醉心描繪著宗教題材，在宗教畫的創作中保持著心靈的自由與虔誠，保持心靈守望在靜謐的精神家園中，讓精神沉溷在藝術的樂園裡。

觀桑吉的唐卡作品，畫中佛像氣象莊嚴，智慧明澈，菩薩低眉慈悲，

純金勾勒出的線條精緻綿力，軀體圓渾泰然，近看遠看都神采動人，神秘感人。面面玄虛，靜如止水，有幽玄之緲境。畫境幻化，是仙境亦神境。在作品前，那種純粹的美，美中靜穆的性靈，似心經，似蓮花經，能讓你我心靈頓時得以洗滌，得以靜化，得以放空。他對勉唐派中金唐和墨唐的探索極為用心，取得很好的藝術效果，大膽採用繁簡對比，取捨留空，但注意回避激情，保持莊嚴境界的傳統基礎上有現代繪畫的餘韻。作為藏族藝術家，桑吉的唐卡畫風保持精嚴的傳統，度量經的程式，唱出神像的造型健康、結構嚴密；金箔銀貼與礦物色並重，吟出設色的莊重富麗；謹嚴的描線，圓潤而沉穩，彈出美的流動與節奏；修飾得體，渲染適宜，是佛與像的恰如其分，也是他對佛像藝術的那份恭心敬意。作品始終有著聖嚴肅穆的質感，流淌著宗教的神靈氣息，充盈著佛性氣場。他的敷色、用筆、起止、收束，始終不溫不火，精准到位，這不光是他畫技的本事，更是他的一種心靈修為，一種澄澈寂靜的內心外化。

他近年醉心古閩沿海的民間信仰媽祖文化。花了七年時間用大精力傾心創作表現媽祖信仰的大幅唐卡作品《神昭海表》，是其用唐卡藝術語言表現福建民間信仰的探索佳作。此作品法度精嚴，用線工整流暢。背景吸引採用青綠山水畫法襯以民間花卉圖案，格外見出匠心。畫面富麗堂皇，又纖毫畢現，極盡工細。在保持唐卡的傳統美學元素外多了份民間性、純樸味，在莊嚴的神性中融入了溫馨的人性，有了份親切。在唐卡程式化要素裡，多了份個性和情緒色彩。這種探索不僅對其本人有意義，對唐卡藝術的拓展與豐富，不管是題材還是形式與語言都很有意義。探索唐卡表現漢族民間信仰，展露桑吉寬廣胸襟，也讓其藝術更多融入大眾，匯入時代，言說唐卡的時代筋骨。從事藝術，不應繞開傳統，也不應避開當代，有傳統的歷史通道，就不飄浮，有當代的時代氣息，才知站在哪裡。桑吉深知此理，此作品體現出的也是此理。

若說傳統文人畫是感性的藝術，因情而抒，那唐卡藝術應屬理性藝術，神遇而跡化。文人畫是抒懷的，唐卡畫是匠心的。匠心方可獨造，才可神造。匠心是一種修行，一種藝術的修行，一種筆尖上的修行。

2017年2月底初稿於北京飛機上

2019年12月修訂稿於福州

娘本

中國工藝美術大師、國家級非物質文化遺產項目「熱貢藝術」代表性傳承人

桑吉才讓的唐卡作品並非簡單地描摹前輩畫師的**樣本**，而是以個人的感悟將題材本土化，其主題與背景，主角與配角等關係上採用以距離遠近，色彩濃淡等散點透視手法，體現出精湛的藝術技巧，彰顯三維立體空間效果，他的每一幅作品佈局結構巧妙精到，人物造型、底色和線條的運用十分嚴謹又獨具匠心，充分運用遠小近大的透視法，十分注重描繪物件的明暗關係，使得被刻畫的物件具有較強的立體感，大大增強了繪畫的藝術效果。

桑吉妙筆

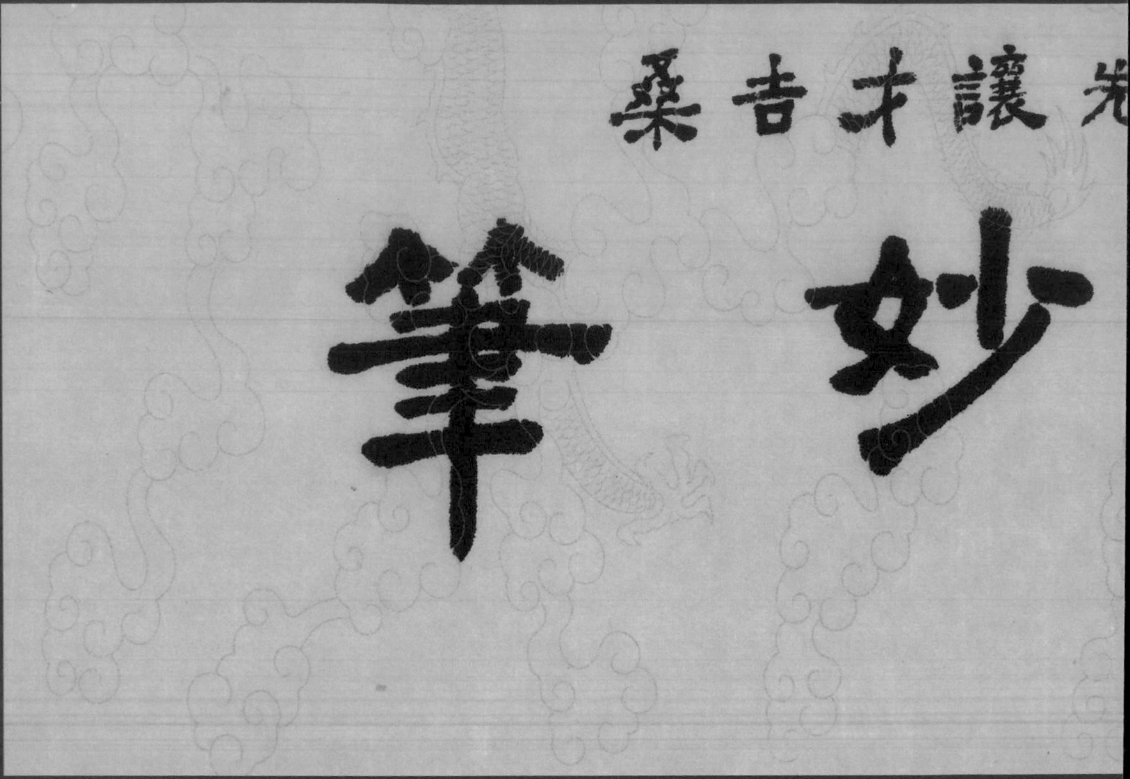
桑吉才讓先
妙筆

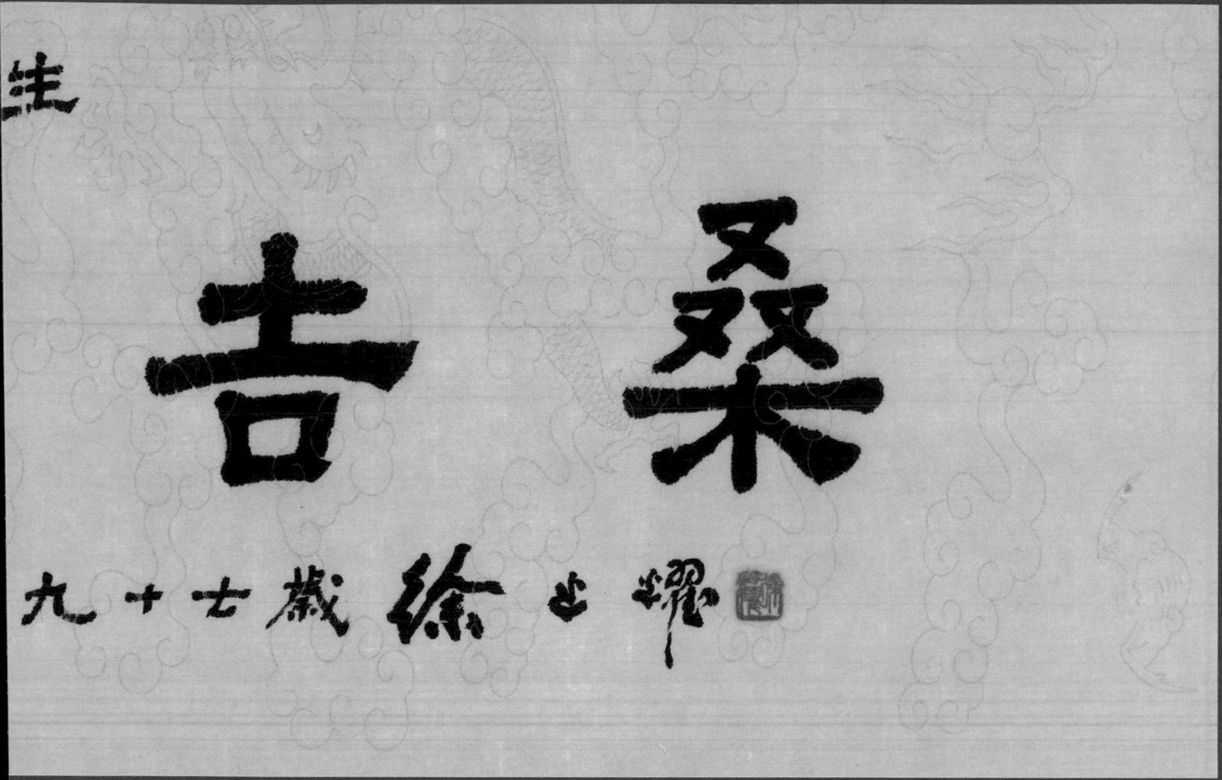

電影文學劇本《小兵張嘎》作者，魯迅文學獎獲得者，中國作家協會第三、四屆理事，河北省作家協會第三屆名譽主席　**徐光耀**　題字

彩

CAITANG

唐

釋迦牟尼佛

74cm × 51cm
彩唐
2009年

大威德金剛

大威德金剛的樣子看起來非常兇猛，其懷中擁抱的明妃金剛露漩(也叫羅浪雜娃)也是一臉惡相，全沒有通常所見佛像的慈悲、溫柔，他們的性合予人緊張的氣氛。這其中正揭示了藏傳佛教雙身修法的奧義。唐卡是對深奧抽象的佛教教義的具象化：明王代表慈悲，明妃代表智慧，他們的結合代表「悲智合一」，同時這也表示了「調伏」的概念。

大威德金剛

107cm × 78.8cm
彩唐
2010年

千手千眼觀音

千手千眼觀音，又稱千手千眼觀自在、大悲觀等，藏語音「千瑞吉」。據說他看到人間的痛苦發誓要度盡世間所有眾生，可是茫茫世界一時難以照應。於是他把身體化為四十二段，每段又變化成一尊觀音，可還是難以應付普度芸芸眾生的誓願。此時阿彌陀佛出現，用佛法將這四十二段身合為一體，只留下四十二隻手臂，每個手掌中生出一隻眼睛，表示一個化身，除去本身的兩手不算，以每隻眼代表二十五「有」(即因果)，二十五乘四十即是一千，故曰千手千眼觀音，表示度一切眾生，廣大圓滿之義。千手千眼觀音是密宗造像的主要取材之一。

千手千眼觀音
150cm × 110cm
彩唐
2011年

神昭海表

媽祖是流傳於中國沿海地區的民間信仰。媽祖文化肇於宋、成於元、興於明、盛於清、繁榮於近現代。民間在出海前要先祭媽祖，祈求保佑順風和安全。在船舶上立媽祖神位供奉。媽祖是集無私、善良、親切、慈愛、英勇等傳統美德於一體的精神象徵和女性代表。

林默娘的「裡中巫」身份，是媽祖信仰的原始形態。媽祖信仰產生在特殊的生態環境之下，與海洋漁業生產及其海事活動密切相關。漁民因海難者不可計數，所以希望有海上守護神庇佑安全。媽祖的巫女身份，正好適應了人們的希求。她的能言人間禍福，濟困扶危、「治病消災順應了人們的願望」所以在她死後立廟祭祀。此後，她的一個個神跡才接踵而至，並將她塑造成一位完美的女神。所以民間對巫術的信仰是媽祖文化得以形成的思想基礎。

康熙十九年(西元1680年)，媽祖被賜封「護國庇民妙靈昭應弘仁普濟天妃聖母」，康熙二十三年(西元1684年)又被賜封為「護國庇民妙應昭應普濟天后」，「天上聖母」和「天后」從此便成了媽祖的聖稱。

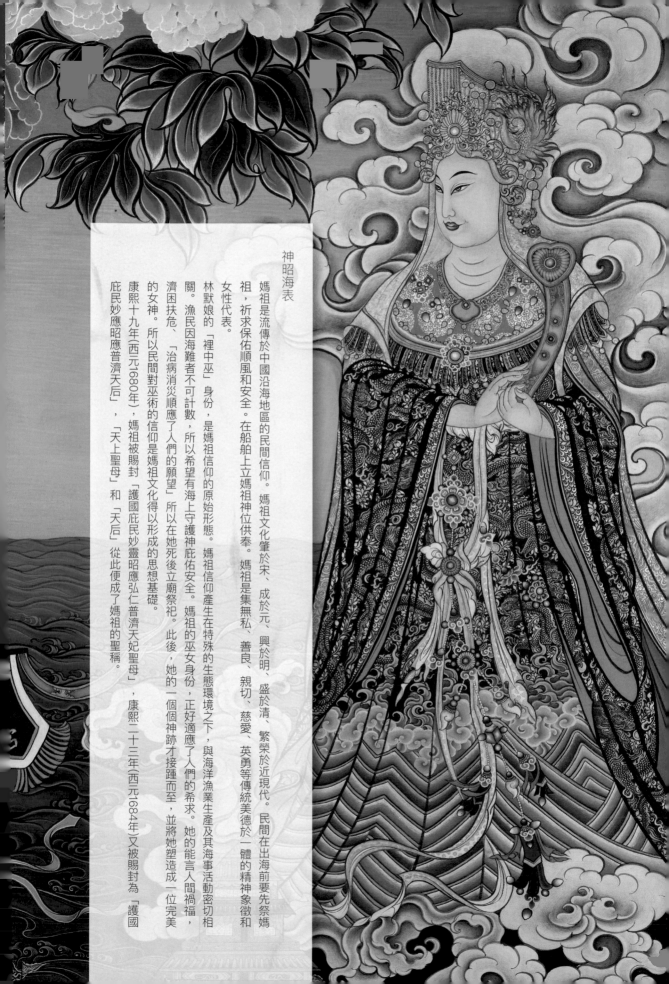

華嚴三聖（普賢菩薩）

110cm × 65cm
彩唐
2012年

華嚴三聖（釋迦牟尼佛）

110cm × 65cm
彩唐
2012年

華嚴三聖（文殊菩薩）

110cm × 65cm

彩唐

2012年

一、毗盧遮那佛，毗盧遮那意為遍一切處。謂佛之煩惱體淨，眾德悉備，身土相稱，遍一切處，能為色相所作依止，具無邊際真實功德，是一切法平等實性；即此自性，又稱法身。

二、普賢菩薩，以其居伏道之頂，體性周遍，故稱普；斷道之後，鄰於極聖，故稱賢。

三、文殊師利菩薩，文殊師利意為妙德。以其明見佛性，具足法身、般若、解脫三德，不可思議，故稱妙德。毗盧遮那佛理智完備，居中位；文殊菩薩主智門，立於毗盧遮那佛之左；普賢菩薩主理門，位於毗盧遮那佛之右。轉之則右為智，左為理時，顯示理智之涉入胎藏界曼陀羅。

華嚴三聖

華嚴三聖，即華嚴經所指華藏世界之三位聖者，主尊為毗盧遮那佛；毗盧遮那佛最重要的助手文殊普賢菩薩為左右侍倖著。經中講，《妙法蓮華經》是由文殊傳授而來，由普賢傳授下去（法華經．普賢菩薩勸發品），文殊、普賢二菩薩協助釋迦佛弘宣此經，故供奉釋迦牟尼的寺廟大殿中，文殊、普賢常立於佛陀兩側，成為佛的左右脅侍，這是根據《法華經》塑的。在華嚴經中，文殊菩薩以智、普賢菩薩以行輔佐釋迦牟尼佛的法身毗盧遮那佛（密宗言大日如來）。故「釋迦三尊」又被稱為「華嚴三聖」。

三尊，是佛教安置佛像的一種形式。大乘佛教認為，每位如來皆有大量菩薩脅侍，以便度化眾生，多半造像時會設置兩位脅侍菩薩以代表之，如西方淨土的西方三聖、東方淨琉璃世界東方三聖等。

大白傘蓋佛母

這是一尊女佛，身白色，三頭，頭上有小頭，身體四周有無數的手臂，每只手臂上又生一眼，手中持有鉤、劍、弓、蓮花、杵等等，最外延是一圈火焰。主臂的左手持有一柄白傘蓋，這是她的主要標誌之一。腳下各種人物、動物是受其白傘蓋庇護的眾生。佛母也就是諸佛之母。按《大白傘蓋經》解釋，此佛母有大威力，放大光明，能以佛之淨德覆蓋一切，以白淨大慈悲遍覆法界。

大白傘蓋佛母
100cm × 71cm
彩唐
2013年

觀音對話舍利子

107cm × 77cm

彩唐

2014年

四、釋迦獅子

一面二臂兩腿，頂輪上有一頂髻，金黃的膚色，法身裝束，左手托缽，右手持金剛杵結施願印，金剛跏趺安坐在日月蓮花上。在印度金剛座，蓮師示現種種神通，說自己是自生之佛陀。很多人不信，並加以誹謗。為把這些眾生引入解脫道，他在紮巴哈日上師座下示現出家，此時被稱為釋迦獅子。

五、獅子吼聲

蓮師頭戴五顱冠，怒發如火，三目凸起圓瞪，呲嘴獠牙，相容凶忿。袒上身，圍獸皮，佩戴人頭蔓，右手執金剛杵，足踏魔，以戰鬥姿態威立於仰蓮座之上。在印度金剛座，蓮師於辯論中擊敗了五百邪見外道，並依靠咒術的威力降伏了他們，使外道們屈服並皈入佛門，即獅吼蓮師，在降伏或平息諸如降頭、咒詛和其他諸如有人無故加害這等障礙時，極具威力，為蓮花生大獅之忿怒化現。

六、日光上師

著虎皮裙，墊獸皮，右手持三叉天杖，左手以期克印持陽光，菩薩坐姿。藏史雲:蓮師之圓滿報身，曾到過許多大屍陀林中，將密乘法要傳勇父、空行等內外傲慢者，經蓮師降伏後，彼等將心及命根取出獻師，誓當蓮師護法，此時師之名號為「日光」。

七、蓮花生上師

著比丘裝，頭戴紅色通人冠，身穿密乘衣，右手持充滿甘露的顱器，左手結施法印，半跏趺坐姿。

八、忿怒金剛上師

是蓮花生大師的忿怒化現，譯為金剛力士。一面二臂三目，身體呈棕紅色，面相忿怒，三目圓睜，張開大口，獠牙鋒利，右舉天鐵金剛杵，左持普巴撅，騎於母虎之背，虎足下踏兩魔，象徵消除一切違緣障礙，降服一切魔障。威立於蓮花日輪之上，安住般若烈焰之中。蓮花生大士降伏了奸臣之子，國王將其流放到屍陀林。他在不同的屍陀林中，為人說法，對那些無緣佛法，有著邪知邪見的鬼神，以忿怒金剛的形象全部降伏。

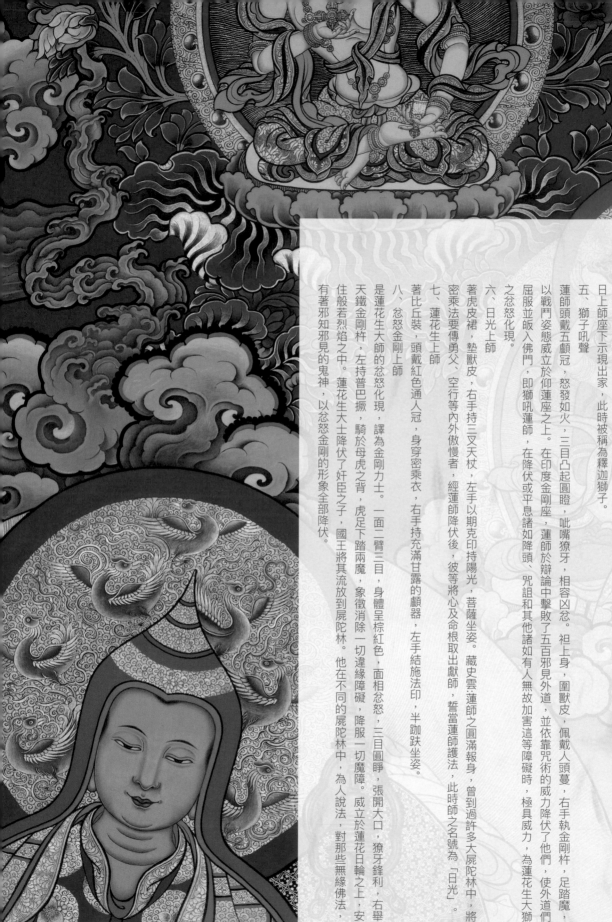

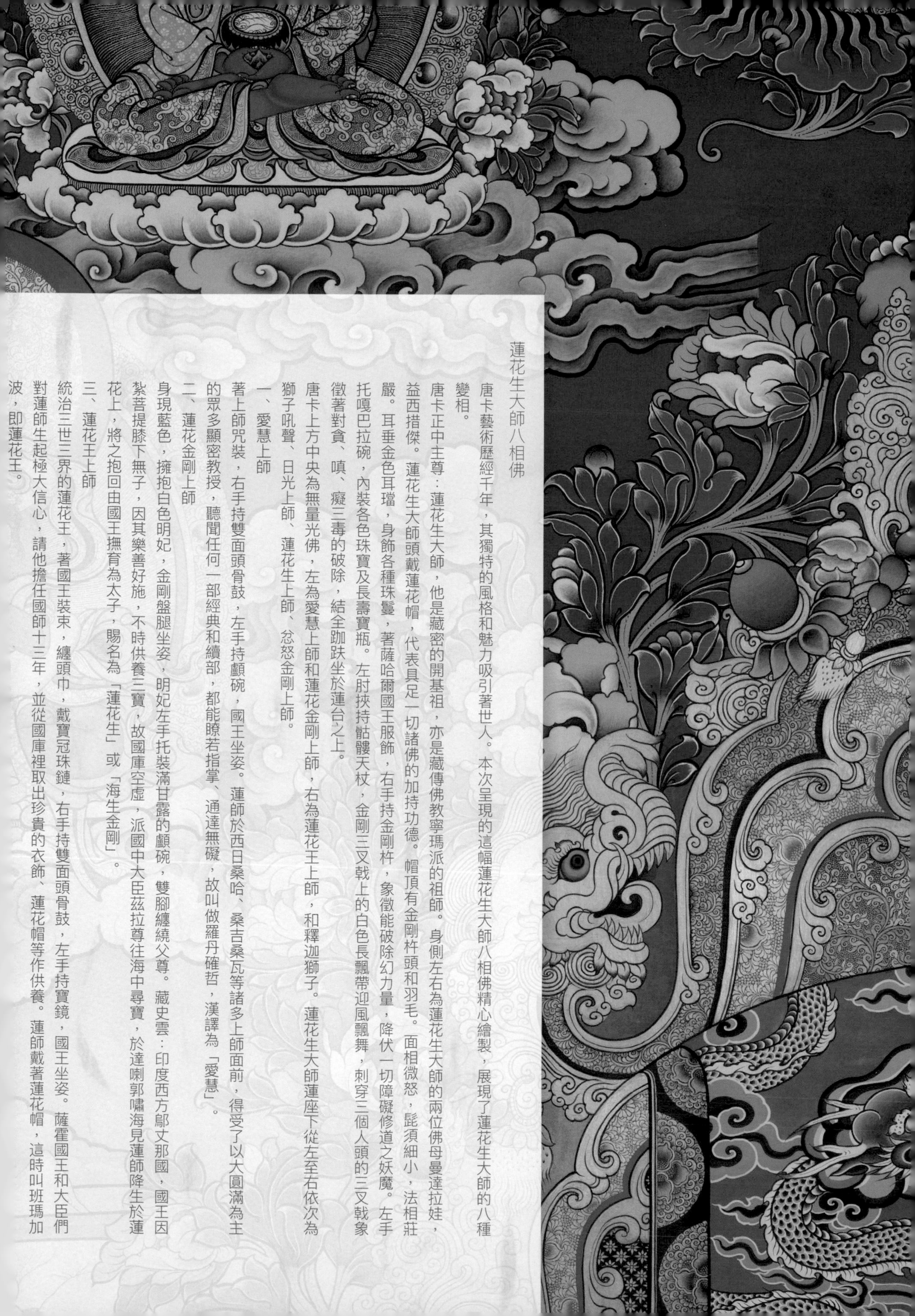

蓮花生大師八相佛

唐卡藝術歷經千年，其獨特的風格和魅力吸引著世人。本次呈現的這幅蓮花生大師八相佛精心繪製，展現了蓮花生大師的八種變相。

唐卡正中主尊：蓮花生大師，他是藏密的開基祖，亦是藏傳佛教寧瑪派的祖師。身側左右為蓮花生大師的兩位佛母曼達拉娃，益西措傑。蓮花生大師頭戴蓮花帽，代表具足一切諸佛的加持功德。帽頂有金剛杵頭和羽毛。面相微怒，髭須細小，法相莊嚴。耳垂金色耳璫，身飾各種珠鬘，著薩哈爾國王服飾，右手持金剛杵，象徵能破除幻力量，降伏一切障礙修道之妖魔。左手托嘎巴拉碗，內裝各色珠寶及長壽寶瓶。左肘挾持骷髏天杖，金剛三叉戟上的白色長飄帶迎風飄舞，刺穿三個人頭的三叉戟象徵著對貪、嗔、癡三毒的破除，結全跏趺坐於蓮台之上。

唐卡上方中央為無量光佛，左為愛慧上師和蓮花金剛上師，右為蓮花王上師，和釋迦獅子。蓮花生大師蓮座下從左至右依次為獅子吼聲、日光上師、蓮花生上師、忿怒金剛上師。

一、愛慧上師

著上師咒裝，右手持雙面頭骨鼓，左手持顱碗，國王坐姿。蓮師於西日桑哈、桑吉桑瓦等諸多上師面前，得受了以大圓滿為主的眾多顯密教授，聽聞任何一部經典和續部，都能瞭若指掌、通達無礙，故叫做羅丹確哲，漢譯為「愛慧」。

二、蓮花金剛上師

身現藍色，擁抱白色明妃，金剛盤腿坐姿，明妃左手托裝滿甘露的顱碗，雙腳纏繞父尊。藏史雲：印度西方鄔丈那國，國王因紮菩提膝下無子，因其樂善好施，不時供養三寶，故國庫空虛，派國中大臣茲拉尊往海中尋寶，於達喇郭嘯海見蓮師降生於蓮花上，將之抱回由國王撫育為太子，賜名為「蓮花生」或「海生金剛」。

三、蓮花王上師

統治三世三界的蓮花王，著國王裝束，纏頭巾，戴寶冠珠鏈，右手持雙面頭骨鼓，左手持寶鏡，國王坐姿。薩霍國王和大臣們對蓮師生起極大信心，請他擔任國師十三年，並從國庫裡取出珍貴的衣飾、蓮花帽等作供養。蓮師戴著蓮花帽，這時叫班瑪加波，即蓮花王。

黃財神

黃財神即黃布祿金剛，藏名為：「藏巴拉・些玻」。財源廣黃財神為五姓財神之一，主司財富，能使一切眾生脫於貧困，財源廣進。當初釋迦牟尼佛於靈鷲山宣傳說大般若經時，諸魔鬼神等皆前來障礙，令高山崩塌，大眾驚恐，此時黃財神就現身庇護，後來世尊囑咐黃財神，當於未來世助益一切貧困眾生，為大護法。本尊形象為肚大身小，雙手有力，膚色金黃，右手持摩尼寶珠，左手輕抓口吐珠寶的吐寶鼠。頭戴五佛寶冠，身著天衣，藍色蓮花及珠寶瓔珞作嚴飾。胸前掛烏巴拉念珠，以如意坐左腳曲，右腳輕踩海螺寶，安坐於蓮花月輪上。誠心持誦黃財神心咒，可獲其庇佑能財源廣進，免除窮困，以及一切經濟窘困。如果能發生無上菩提心，發願救度一切眾生於貧困，則福德更不可限量。

黃財神

83cm × 60cm

彩唐

2017年

綠度母

105cm×74cm

彩唐

2017年

綠度母

綠度母為觀世音菩薩的化身。度母有許多不同的化現，包括有二十一度母、五百度母等等，皆為觀世音菩薩之化身，而綠度母為所有度母之主尊，總攝其餘二十尊化身之所有功德。她能救八種苦難，如獅難、象難、蛇難、水難、牢獄難、賊難、非人難，又稱為「救八難度母」。同時，還能把稱為五毒的人類行為貪、嗔、癡、慢、疑中的「疑」轉成究竟圓滿的智慧，有護持婦女幼兒的功德。

釋迦牟尼與十八羅漢

釋迦牟尼佛為使佛法在佛滅度後能流傳後世，使眾生有聽聞佛法的機緣，囑咐十六羅漢永住世間，分局各地弘揚佛法，利益眾生。佛教傳到中國後，十六羅漢成為藝術家創作的題材，後來演變成為十八羅漢。

羅漢，阿羅漢的簡稱，梵名(Arhat)。最早是從印度傳入中國的。意譯上有三層解釋：一說可以幫人除去生活中一切煩惱；二說可以接受天地間人天供養；三說可以幫人不再受輪回之苦。即殺賊、應供、無生，是佛陀得道弟子修證最高的果位。羅漢者皆身心六根清淨，無明煩惱已斷(殺賊)。已了脫生死，證入涅盤(無生)。堪受諸人天尊敬供養(應供)。於壽命未盡前，仍住世間梵行少欲，戒德清淨，隨緣教化度眾。

相傳羅漢本為佛教小乘追求的終極目標，但是在佛祖釋迦牟尼的規勸和鼓勵下，所有羅漢們紛紛回小向大，「往世不涅」，幫助維護大乘佛教，於是在大乘佛教裡羅漢們也有了他們新的地位和作為。

羅漢又稱阿羅漢，指能斷除一切煩惱，達到涅槃境界，不再受生死輪回之苦，修行圓滿又具有引導眾生向善的德行，堪受人天供養的聖者。

釋迦摩尼與十八羅漢

130cm × 90cm

彩唐

2017年

釋迦牟尼佛師徒三尊

93cm × 66cm

彩唐

2017年

ཐབས་མཁས་ཐུགས་རྗེས་ཤཱཀྱའི་རིགས་འཁྲུངས་ཤིང་། །གཞན་གྱིས་མི་ཐུབ་བདུད་ཀྱི་དཔུང་འཇོམས་པ། །གསེར་གྱི་ལྷུན་པོ་ལྟ་བུར་བརྗིད་པའི་སྐུ། །ཤཱཀྱའི་གཙོ་བོ་ཁྱོད་ལ་ཕྱག་འཚལ་ལོ། །

五、重返故園：得聞佛陀在王舍城以及其他地域廣施佛法的偉大事蹟，年邁的淨飯王念子之心日益俱增，與書願早年離家的愛子回到身邊。佛陀因是率眾信徒長途跋涉回到故國。但此時的佛陀已不是當年的王子，他持缽沿街平靜地接受著人民的施捨。目睹佛陀的舉止，淨飯王高貴的血統和自尊被深深刺痛而憤怒。佛陀則以大慈悲心化解了淨飯王一生的悲念。再以神變登天界為生母摩耶說法報恩，並剃度了其子羅喉羅，點化了曾經的愛妻與養母，使之皈依佛法。

六、化解紛爭：再次離開了故園，佛陀重又踏上了艱辛而平靜的傳教之途。隨著信徒的越來越多，有一名叫勒青的弟子宣稱他也即將證悟成佛而欲另立宗派，從而導致了一場教徒內部的紛爭，也有許多不明真相者慕名前往聽法。因擔心佛法初傳而被「假法」混淆真諦，佛陀和弟子迦葉親往其處，以其無上智慧顯神通宣妙理，令迷途的僧侶重返真正的佛法。

七、最後時刻：佛陀在帶領徒眾從一處走到另一處傳播佛音的征途中他的身體漸漸老去，但仍平靜地承受著自身生命之凋零並宣佈自己將要圓寂。眾弟子悲苦相求懇請佛陀能常留人間，濟渡眾生。於是佛陀以金剛般的意志戰勝了病、魔的侵襲，允諾在人間多留四月而繼續行進傳法。佛陀走到哪裡，那裡眾生的心獄就會被打開，枷鎖就會落地。他引導著眾生從虛妄走向真實，從黑暗走向光明，破除眾生的「我執」與「我所執」的無明，為眾生帶來思想上一次又一次的勝利與超越。

八、佛陀涅盤：最後的時刻終於來臨。佛陀讓虔誠的阿難陀按指定的位置鋪好草墊，他頭向北方，靜臥在娑羅樹下。此時有花雨紛紛，落在佛陀身上。囑咐完弟子一些細微的善事，佛陀宣說了《大般涅盤經》後端詳著凝重的眾弟子說「衰亡是一切事物固有的趨勢，你們當勤勉自強，拯救自己。」而後佛陀漸漸進入涅盤之境。此時霹靂貫裂天空，大地轟鳴顫抖，眾生顛撲。滅度後的佛陀身化八萬四千顆舍利，為其時八王所分供奉。另有牙齒四顆，一顆供與天界，三顆供奉在人間。唯留佛指舍利一顆，現供奉於中國陝西省扶風縣法門寺。

釋迦牟尼畫傳

一、宮中生活：釋迦牟尼意為「釋迦族的覺者」，生為迦毗羅國的太子，他的誕生與其他宗教教祖，甚至帝王的誕生一樣，伴隨著許多大異吉祥相。其母摩耶夢象入懷於藍毗尼園得生釋迦。經載釋迦始生行走七步，步步蓮花，口言「天上地下，惟我獨尊」。成長於深宮高牆的太子才俊力能無不俱足，但其父淨飯王因擔心太子誕生前圓夢師的「若太子見到老、病、死者將成為世界的精神領袖，反之成為一方聖君」所言成實，故企圖以美色、華屋、財富與嬌妻收攏太子的心性。但宮中虛華奢侈的生活環境，卻不能排遣他心中餘生俱來的悲天憫人與孤寂的感受。

二、證得菩提：深宮中的太子終於有一天遊訪「人間」或是神祇的安排或是因緣的促和，太子見到了人間的「真相」——老、病、死的人生三苦。震驚之後的太子更加深刻地感悟自己和眾生的命運，為了尋找真實的解脫之「道」，太子最終捨棄了世俗的財富、權力和愛情，逃離深宮，開始了拜訪名師與苦行僧的生活。然而苦修的結果除了讓釋迦的健康瀕於崩潰的邊緣，他依然無法得悟。至此，釋迦漸明執著於「相」與「非相」的兩邊終無法「明性見心」。菩提樹下，釋迦經49天的禪定，終於成悟而開啟內心的無上智慧。成道後的佛陀做「觸地印」，召喚大地為他的悟道作證。

三、遍傳吉祥：證悟後的釋迦開始了餘生偉大的傳教事業。初於鹿野苑度憍陳如等五比丘，宣講四諦八正道等佛教教義；又於王舍城成就目犍連、舍利弗等眾多弟子的羅漢果位；於祇園精舍中以八萬四千法門廣傳真諦，這些教誨使眾生擺脫了當時婆羅門教義的枷鎖，(這枷鎖帶來的是無盡的懺悔與祭祀以及由此產生的自卑。)而給予眾生的是一種親切真摯的解脫與向上。

四、降伏外道：佛陀在祇園精舍宣說佛理，廣施利生事業的日子裡，信徒從四面八方懷著急迫而喜悅的心情趕來聆聽佛陀那些啟迪心靈的義理，它們破除了眾生心中的執迷、虛妄與無明，令眾生充滿喜悅與希望的各自把握自己的命運，使得越來越多人們信奉與供養佛教徒。這一切令當時的六位外道教主心生憤懣，提出要與佛陀鬥法辨道。佛陀則藉此方便在眾多會供的場所施以神變大能複以妙言，不但使六道教主皈依佛法，更開無數信徒的菩提心，使無數眾生獲大福德。

這幅唐卡是宣傳釋迦牟尼一生事蹟的故事畫，叫《佛傳圖》。畫中描述一百零八件相傳的大事，也有描述佛祖一生十二功業的簡傳。

歷史上真實的釋迦牟尼，原名喬達摩·悉達多，為古印度迦毗羅衛國（今尼泊爾境內）淨飯王的太子。悉達多出生的具體年代是中國佛教界西元前565年。西元前486年逝世，比中國的聖人孔子早逝七年。所以印度的喬達摩·悉達多與中國的孔子是同時代人，而且都是世界東方的聖賢。喬達摩·悉達多出身王族，又是王儲，從小受到刹帝利貴族應享有的全部良好教育，後來娶了表妹耶輸陀羅為妃，生有一子，名羅睺羅。淨飯王希望兒子繼承王位，但悉達多卻另有志向，因為他看到生老病死等種種苦難正不斷地折磨人們，於是他在29歲時離家出走，去尋求精神上的解脫。悉達多在他35歲那年，在菩提伽耶一棵畢缽羅樹下進入禪定，經過七天七夜覺悟成道，從此他成了「釋迦族人的聖人」——釋迦牟尼，並開始了長達45年的傳教生涯。80歲時，涅槃於拘屍那迦城，即今印度聯合邦迦夏城郊的婆羅林中。

釋迦牟尼佛是中國藏、漢兩地佛教共同崇奉的佛祖。此幅作品是宣傳釋迦牟尼佛一生十二功業（事蹟）而繪製的精品彩色唐卡，是用十二個故事——下凡、住胎、降生、善橋學藝、婚配、出家離俗、修煉苦行、趨金剛座、悟道成佛、廣傳法輪、降伏外道、涅槃，表現釋迦牟尼的一生。

畫面佈局和經營用連環畫的形式從作品左面來展開，左上方為畫世尊下凡投胎的故事，左中畫的是摩耶夫人的夢境，一頭六牙的象鼻卷一朵白蓮花，夢醒後發現懷孕的故事。左下方畫摩耶夫人回苟利國天臂城，途徑婆羅成林的盧毗尼花園，在婆羅樹下從右肋處生下太子的故事。從而每一段故事的內容相序展現在主尊的左右兩邊，完整地描繪出了佛祖一生的十二功業。

這幅唐卡在主題與背景、主角與配角等關係上以距離遠近、色彩濃淡等散點透視手法，體現出精美絕倫的藝術技巧，彰顯三維立體空間效果，令人歎為觀止。唐卡中的釋迦牟尼佛，法相莊嚴慈悲，牽引著四周眾多畫像的所有神情，充分突出了中心地位。周邊形象各異的佛菩薩及四大天王等，人物塑造、底色和線條的運用十分嚴謹又獨具匠心，充分運用遠小近大的透視法，注重描繪物件的明暗關係，使得刻畫的物件具有較強的立體感，增強了畫面的藝術效果。

整幅唐卡將神生融於自然的山水間，空中的雲，中間的樹、花草，近處的水以及座落有序的建築，人物的活動空間都顯示出了畫面的和諧生動，充滿自然意趣。畫面人物眾多，佈局繁而不亂，設色古樸典雅，大量運用黃色突出了畫面尊貴之感。以線條的曲折婉轉、流暢頓挫、舒緊疾徐等變化，來表現人物身姿表情，彰顯出創作者極深的功底和高超的水準。

千手千眼觀音

106cm × 69cm

彩唐

2018年

釋迦牟尼五比丘

釋迦牟尼成佛後兩個月，在七月間的月圓月，到鹿野苑要對五比丘宣說法。五位苦行僧老遠見佛陀過來時，商量不應對他行禮。但當佛陀越走越近時，威儀令五比丘陸續向前接待佛陀。當他們稱呼佛陀為同修。佛陀對他們說不要直呼如來姓名或稱他為同修者。佛陀對五比丘闡詮四聖諦法的《轉法輪經》。那時，當三個比丘出去乞食時，佛陀指導兩個人，六個人共同食用那三人乞討回來的飯食；當兩個苦行僧出去乞食時，佛陀就指導三個，六人又一齊食用由兩人要回來的食物。年紀最大的憍陳如聽了此經，即證斯陀含果，其餘四位也證入流果。佛陀接著對五比丘說《無我相經》五位都證阿羅漢果。舍利弗就是在王舍城的大街上遇見阿說示尊者，要求阿說示尊者說法，阿說示尊者即說四句偈，當舍利弗聽到第一句偈時，即證第一聖果。

釋迦牟尼五比丘

93cm × 66cm

彩唐

2018年

藥師佛

無上尊藥師琉璃光王七佛本願功德念誦儀軌供養法載，尊左手執持藥器（又作無價珠），尊右手結三界印，尊身著寶佛衣，結跏趺坐於蓮花寶臺，臺下有十二神將。此十二神將誓願護持藥師法門，各率七千藥叉眷屬，在各地護佑受持無上尊藥師佛尊名聖號之眾生。又一般中國內地流傳之佛像為螺髮上形，尊左手持藥壺，尊右手結施無畏印（或與願印），或左手托九層佛塔，右手持藥草，尊上日光菩薩摩訶薩尊上月光菩薩摩訶薩脅侍左右，並成為藥師聖三尊。

藥師佛

70cm × 60cm

彩唐

2018年

白度母

白度母藏名音譯卓瑪嘎爾姆，「長壽三尊」之一。相傳白度母是阿彌陀佛左眼所化，因佛母面、手、腳共有七目，所以又稱七眼度母。相傳額上一目觀十方無量佛土，其餘六目觀六道眾生，白度母身色潔白，穿麗質天衣，袒胸露腹，頸掛珠寶瓔珞，頭戴花蔓冠，烏髮挽髻，面目端莊慈和，右手膝前結施願印，左手當胸以三寶印撚烏巴拉花，花莖曲蔓至耳際。身著五色天衣綢裙，耳璫、手釧、指環、臂圈、腳鐲俱全，全身花鬘莊嚴，雙足金剛跏趺坐安住於蓮花月輪上。修持白度母法，能消除病因災劫，能增長壽命及福慧，斬斷輪回之根，免除魔障瘟疫，凡有所求無不如願。

白度母

110cm×80cm

彩唐

2019年

釋迦摩尼菩提樹下講法圖

100cm × 75cm

彩唐

2019年

文殊菩薩

文殊菩薩，音譯文殊師利或曼殊師利。意譯：妙德，妙吉祥。又譯：妙首，普首，濡首，敬首。曼殊是妙之意，師利是吉祥之意，簡稱為文殊，為中國佛教四大菩薩（文殊菩薩、普賢菩薩、觀音菩薩、地藏菩薩）之一。文殊菩薩和普賢菩薩為釋迦牟尼佛的左、右脅侍，他們合稱為「華嚴三聖」。文殊菩薩智慧、辯才第一，為眾菩薩之首，被稱為「大智文殊菩薩」。

文殊菩薩

90cm × 62cm

彩唐

2019年

黃財神

83cm × 63cm
彩唐
2019年

綠度母

58cm × 42cm
彩唐
2019年

自在觀音

自在觀音又名觀音菩薩或觀自在菩薩，原名「水月觀音」。她一改佛教造像直立或打坐的成規，右腿曲蹲，左腳輕踏荷葉，重心落在左胯，右手微抬微翹，左手為支撐點，無拘無束，自由自在。其姿態出色地突現了觀音流暢的線條和優美的身段。人們於是忘卻了她本來的名字，親切地稱她自在觀音。古代雕塑家既遵照了佛教的印相之規，又以特有的思想情感，豐富的想像力、創造力，使作品打破了佛門中的清規戒律，沖出了封建禮教的束縛，融入進濃厚的民族生活氣息和人間世俗情感，其造詣之高深為今人稱歎！自在觀音，至於稱觀世自在者，觀世界形能自在無礙，對苦惱眾生能自在拔苦與樂。觀世音，亦譯「光世音」「觀世自在」「觀自在」，是阿彌陀佛的左脅侍，西方三聖之一。她以大悲大慈為德性，據稱遇難者只要念誦其名號，觀音菩薩就會及時「普救眾生苦難」。有很多觀世音，成為無處不在的菩薩。

自在觀音

60cm × 40cm

彩唐

2019年

蓮花生大師

蓮花生大師藏名音譯「白瑪郡乃」，藏人尊稱「咕如仁波切」，意即珍的寶上師。蓮花生大師是藏密的開基祖，亦是寧瑪派（紅教）的傳承祖師，為阿彌陀佛、觀世音菩薩、釋迦牟尼如來等身口意三密之金剛化現。蓮花生大師出生於印度西方鄔文那國（今巴基斯坦），得國王因紮菩提（King Indrabhuti）撫育為太子。因其化生於湖中蓮花，古名為「蓮花生」。長大後，赴孟加拉從巴爾巴哈帝論師出家，號「釋迦獅子」。從八大持明受八部修行密乘，從佛密論師受幻化網密續，從師利僧哈受以大圓滿為主的眾多顯密經教。雲遊孟加拉及鄔文那等地，教化有緣歸依佛門，人稱「蓮花生」。

西元755年，吐蕃贊普（即吐蕃王）赤松德贊篤信佛教，他派專使去印度請蓮花生入藏，翻譯經論，宣揚佛法，並建成具有藏漢、印三種風格的桑耶寺。於赤松德贊及車妃依喜措嘉等有緣者，傳授無上密乘八法、普巴金剛等教法。創建顯乘經院及密乘道場，尊定西藏密乘之基。西藏歷史上的把赤松德贊、蓮花生、靜命大師（寂護）三人尊稱為「師君三尊」。蓮花生大師，頭戴蓮花帽，內穿襯衣，外穿法衣，披錦段半月形披風，膚色夕裡透紅，神態文武兼備。右手持五尖金剛杵，左手持鑲壽瓶顱器，左肘挾天杖，國王坐姿。

蓮花生大師
99cm × 70cm
彩唐
2019年

無量壽佛與八大菩薩

109cm × 76cm

彩唐

2019年

上海靜安寺 藏

宗喀巴大師師徒三尊

宗喀巴大師出生於青海湟中區，他的出生地藏語叫做「宗喀」，所以稱他為宗喀巴，意為在宗喀出生的人，宗喀巴法名為羅桑劄巴，意為善慧。他是藏傳佛教格魯派，也就是黃教的創始人。傳說羅桑劄巴為文殊菩薩轉世，於元順帝至正十七年（西元1357年，藏曆火雞年）十月二十五日誕生。青海的僧俗大眾尊稱他為傑仁波且，意為寶貝法王。他的父親名叫魯本格，是元朝末年兼管當地軍民政務和地方官員——達魯花赤，母尊名為星薩阿切，生有子女六人，宗喀巴排行第四。

宗喀巴3歲時，第四世活佛若白多傑受元順帝召請進京途中路過青海，宗喀巴的父親就帶著他到夏宗寺和若白多傑活佛相見，若白多傑給宗喀巴灌頂加持，授了近事戒。宗喀巴7歲時，被家人送到夏瓊寺，當時這是一座噶當派的寺院，取密宗名為端月多傑，後又受沙彌戒，取法名羅桑劄巴。宗喀巴在這裡學習了9年佛法，在佛學方面打下了堅實的基礎。為了進一步探求佛法，他16歲時離開夏瓊寺前往西藏求學佛法，拜各教派高僧為師，吸取各家之長，對佛教密乘教典、灌頂諸法瞭若指掌。

宗喀巴大師師徒三尊

85cm × 65cm

彩唐

2019年

綠度母救八難

八難綠度母是綠度母即觀世音菩薩之化身，為二十一度母之主尊，持誦本尊咒，能總持二十一度母之功德。修持此尊密法，能斷生死輪回，消除一切魔障、業障，並能消災增福，延壽廣開智能。本尊身呈綠色，頭戴花蔓冠，髮髻高挽，雙耳垂金環，慈眉善目。上身裸露，肩披掩腋衣，頸掛珠寶瓔珞，帛帶飄繞。左手當胸撚一曲莖蓮花，右下手下垂，掌心向外作施願印，以象徵克服八難，施眾生予安樂。赤足於蓮上，蓮瓣粉嫩如初生。此唐卡是眾多度母法類中較為少見的一種，其儀軌主要是根據度母分別救度八位佛教論師脫離八種災難的事蹟。它是以本生圖的方式，將八個故事畫在一張唐卡上。

一、為救度脫離猛獸災難的事蹟，畫中描繪一修行者遭獅子攻擊而度母顯靈救度。通常經典所說是老虎，救其只是代表猛獸。

二、救度脫離火災的事蹟。畫中一群僧人之經堂被外道所焚，度母下雨熄滅。

三、救度免於水災的事蹟。一僧人於岸邊祈禱，旁邊置有經書乃敘述該僧人因修度度母有靈驗，洪水爆發時其村莊寺廟得免於難，後依度母受記撰寫《無死寶藏》，使度母法類廣為流傳。

四、救度免於蛇難的事蹟。樹上有條巨蟒吞食許多人，後來陳那論師的弟子持度母心咒將之驅趕回大海。

五、救度免於羅剎、厲鬼之恐怖。畫中岩石旁有一奔跑的長翅膀人，代表食人羅剎鬼、救度免於牢獄之災。畫中有一隻鳥飛離一小屋，表示得免成為籠中之鳥。

六、救度免於牢獄之災。畫中有一隻鳥飛離一小屋，表示得免成為籠中之鳥。

七、救度脫離盜匪殺身或失財之災難。畫中一群馬和駱駝，乃描述一僧人在求取大乘般若經典的途中，被強盜抓走，後度母顯靈而得救。

八、救度免於象難之故事。

綠度母救八難

100cm × 80cm

彩唐

2020年

千手觀音

123cm × 82cm

彩唐

2020年

釋迦牟尼師徒三尊

90cm × 62cm

彩唐

2020年

1

4

3

水月觀音

此尊觀音菩薩像姿勢自然優美，呈觀水中月姿勢，故稱水月觀音。水月觀音的形象是最早唐代畫家周昉根據玄奘大唐西域記中的觀自在菩薩創造的造型，之後廣泛流傳，宋代較為流行並逐漸世俗化。外形特徵：菩薩像頭戴寶冠，寶冠上有小化佛。額頭寬闊，雙目微閉，端莊慈祥，氣質高雅。右腿支起，左腿下垂，右臂放在右膝上，神態優美。觀音上身穿袈裟，下身著長裙，胸前及衣裙上飾聯珠瓔珞，手腕戴臂釧，全身裝飾十分繁縟。通體施青白釉，釉色白中泛青，胎質潔白細膩。觀音的製作採用了模印、琢、捏塑等多種裝飾手法，將觀音菩薩自在安詳的宗教氣質和內涵表現得淋漓盡致。

水月觀音

95cm × 95cm

彩唐

2020年

大勢至菩薩

大勢至菩薩摩訶薩是西方極樂世界無上尊佛阿彌陀佛的右脅侍者，又尊稱大精進菩薩，與無上尊佛阿彌陀佛，以及阿彌陀佛的左脅侍觀世音菩薩合稱為「西方三聖」。根據《觀無量壽經》雲：白敘：大勢至菩薩以獨特的智能之光遍照世間眾生，使眾生能解脫血光刀兵之災，得無上之力。

綠度母

130cm × 95cm

彩唐

2021年

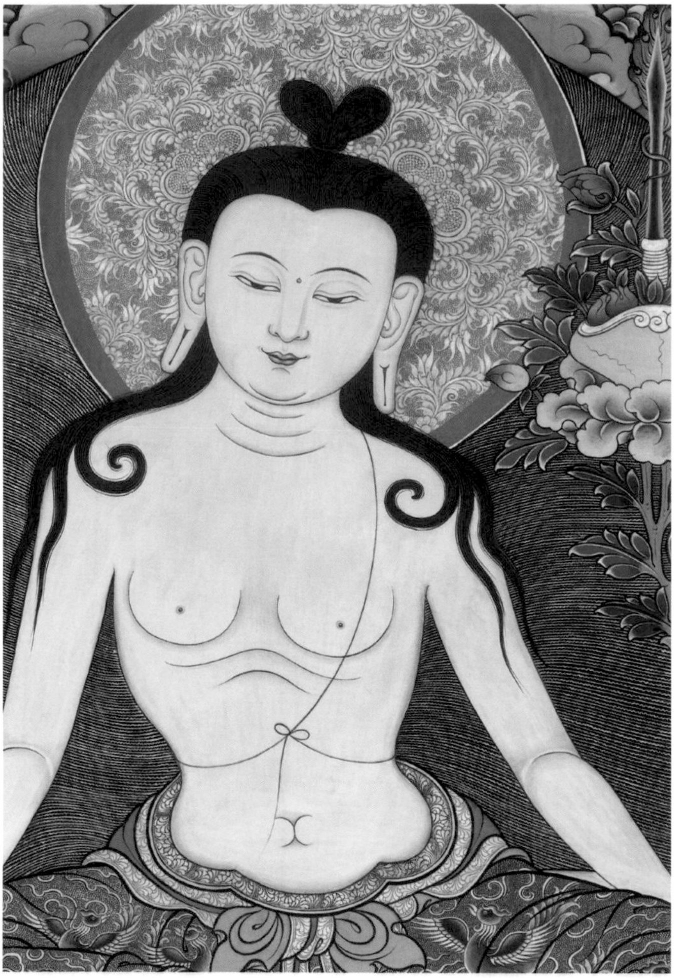

獅子吼菩薩

獅子吼菩薩面相慈善，神態安詳。一般頭戴花鬘冠，項戴珍寶瓔珞，垂發在肩，上身袒露，衣帶飄揚。雙腿呈舒坐式，右腿曲盤，左腿稍前伸，坐在蓮花寶座中央鬃毛豎立、扭頭張口怒視的白獅上。常見有兩臂或六臂的，其典型標誌是右手持有一支三叉戟，戟杆上纏有一條蛇；或右手置膝上，左手持托有智慧寶劍的蓮花。

獅子吼菩薩
118cm × 84cm
彩唐
2021年

釋迦牟尼佛

100cm × 200cm

彩唐

2021年

釋迦牟尼佛與十八羅漢

110cm × 200cm

彩唐

2021年

四臂觀音

四臂觀音的造型每一莊嚴皆有所表，一頭表通達法性，四臂表四無量心，身白色表清潔無垢，不為煩惱、所知二障所障。頭戴五佛冠表五智，髮黑色表不染，五色天衣表五方佛，雙跏趺表不住生死，手印表不住涅。又中央二手合十表智慧與方便合一雙運，另右手水晶念珠，表每撥一珠即救度一眾生出脫輪回，左手拈白蓮花，表清靜無惱。

四臂觀音

100cm × 68cm

彩唐

2021年

天降佛

藏曆是九月二十二日是紀念佛陀上天為母說法畢，重返娑婆世界之「降凡日」。佛陀之親母，在佛陀出生後不久便去世，轉生於天界，佛陀在示現成佛後，曾上天為母說法。複重返娑婆世界的日子故稱為降凡節紀念日。在藏曆九月期間每天若能共同修持各種善業，每天其功德福報更加不可思議，因為所有參與共修者均可同時獲得共修的全部利益。念咒、行善、頂禮、為僧眾供齋、持戒、修持慈悲心與菩提心等任何一善法，其功德都會呈十億倍地增上。也就是說，僅僅念誦一遍咒語，就能得到念誦十億遍的功德，其它所有善法也可以此類推。

天降佛
125cm × 82cm
彩唐
2021年

文殊菩薩

70cm × 53cm
彩唐
2021年

廈門大學群賢樓群（錢陳翔 題字）

189cm × 300cm

彩唐

2021年

廈門大學 藏

百年厦大校训
自强不息

陳嘉庚
1874~1961
華僑旗幟 民族光輝

觀音

44cm × 28cm

彩唐

2021年

雲間美術館 藏

布達拉宮

71cm × 140cm

彩唐

2021年

敦煌盛唐飛天伎樂天

46cm × 197cm

彩唐

2021年

阿彌陀佛西方極樂世界

阿彌陀佛的西方極樂世界，在很多人眼中仿佛是一個完美的世界，但是它究竟如何完美卻未曾有人提過。西方極樂世界又稱極樂淨土、極樂國土、西方淨土、西方、西天、安養淨土、安養世界、安樂國，是阿彌陀佛所掌管的佛國淨土。根據釋迦牟尼佛口述，自此世界向西而去，經過十萬億佛土之彼方即為極樂淨土。

阿彌陀佛西方極樂世界

118cm × 85cm

彩唐

2022年

大日如來

此作臨摹14世紀日喀則夏魯寺壁畫。大日如來，五方佛之一。是表示絕對真理的佛身。在漢譯中，又有摩訶毗盧遮那、毗盧遮那、遍一切處、光明遍照等名號，是密教最根本的本尊，在金剛界與胎藏界兩部密教大法中，都是法身如來，是法界體性自身，是實相所現的根本佛。密宗所有佛和菩薩皆自大日如來所出，在金剛界和胎藏界的兩部曼荼羅中，大日如來都是居於中央位置，他統率著全部佛和菩薩，他是佛教密宗世界的根本佛。

大日如來

130cm × 86cm

彩唐

2022年

綠度母

此作臨摹15世紀白居寺壁畫。綠度母面與身膚為綠色，塔形發點高聳，戴寶冠，細彎眉，低垂眼臉，直鼻小嘴，面如滿月，姣美娟秀，神情祥和熙怡，寶飾嚴身，披紅色帔肩，上身赤裸，豐乳細腰，身材美妙；右手於右膝處結與願印，左手於胸前輕撚曲枝青蓮花，下著紅色長裙，雙腿結遊戲坐於須彌蓮花座上，兩側有眷屬侍立左右。

綠度母

130cm × 97cm

彩唐

2022年

十一面觀音

此作臨摹15世紀白居寺壁畫。十一面觀音菩薩通常在手臂多少上不盡相同，有六臂、八臂、十臂、十二臂、十八臂、三十六臂、四十二臂、四十八臂，乃至十一面千手千眼觀音。此幅十一面四十二臂觀音菩薩，主面與身膚白色，十一面分五層，除頭頂第五層無量光佛（阿彌陀佛）頭像外，其餘十面均頭戴寶冠。第一層三面主面白色、左面紅色、右面綠色，均呈靜善相；第二層三面主面綠色、左面紅色、右面白色，均呈靜善相；第三層三面主面紅色、左面白色、右面綠色，均呈靜善相；第四層一面藍色，面生三目，瞪眼齜牙呈忿怒相；第五層為無量光佛頭像，面相紅色，慈悲安詳呈靜善相；諸寶飾莊嚴其身，披綠帔肩，上身裸，四十二臂中有八臂在前層，前八臂中兩主臂當胸合掌結普供養印，其餘六臂張開，左側三臂分別持無憂草、弓箭等，右側三臂分別執念珠、執法輪、結與願印；其餘三十四臂左右依次展開呈橢圓形，每臂各執法器。下著紅花長裙，外套彩條短裙立於蓮臺上。在十一面觀音菩薩兩側有諸尊觀音菩薩身形及其左右眼所化生出的諸尊度母等三十五尊小像。

十一面四十二臂觀音

130cm × 105cm

彩唐

2022年

無量光佛

此作臨摹14世紀日喀則夏魯寺壁畫。阿彌陀佛，又名無量佛、無量光佛。大乘經載，阿彌陀佛在過去久遠劫時曾立大願，建立西方淨土，廣渡無邊眾生，成就無量莊嚴功德，為大乘佛教所廣為崇敬和弘揚。大乘佛經主要如《無量壽經》《阿彌陀經》《觀無量壽佛經》，對阿彌陀佛及其西方極樂世界均有詳述。大乘佛教流傳之地，如中國、日本等大乘教區，阿彌陀佛信仰也尤為繁盛和重要。而漢傳佛教的淨土宗，則完全以往生阿彌陀佛的西方淨土作為專修的法門。

西方無量光佛

130cm × 86cm

彩唐

2022年

敦煌盛唐供養菩薩像
95cm × 40cm
彩唐
2021年

敦煌盛唐觀音大士像
86cm × 40cm
彩唐
2021年

敦煌盛唐觀音大士像
87cm×31cm
彩唐
2021年

敦煌盛唐觀音菩薩像

88cm × 36cm

彩唐

2021年

敦煌盛唐觀音菩薩像

94cm × 36cm

彩唐

2021年

敦煌盛唐十一面觀音立像

91cm × 41cm

彩唐

2021年

敦煌盛唐竹林大士像

88cm×35cm

彩唐

2021年

敦煌盛唐觀音菩薩像

93cm × 34cm

彩唐

2021年

本性法師

中國佛教協會海外交流委員會副主任，
福建省佛教協會常務副會長，福建省佛學院院長，莆田廣化寺方丈，福州開元寺方丈

藝術是人類共有的財富與共通的價值，它的審美力量與教化力量不可思議，如：唐代的吳道子，畫出《地獄變相圖》，因其畫作所現地獄逼真，見者莫不驚心膽戰，不寒而慄，從而遷善遠罪，止惡行善。

站在佛教的角度看，真正的藝術，確是可以息滅貪嗔癡三毒的，真正的藝術創作，就是修行戒定慧的過程。

我認識桑吉才讓先生，時間不短。他從青海到福建，為唐卡藝術打拼，非常不易。但是，深谷幽蘭，自然會香；如能幽香，自然蝶來。據悉，他創作的唐卡藝術精品又要結集出版，我甚欣喜。作為藏族同胞，他稟承了藏族先民的優秀品質：善良、純樸、率真、信仰。他既是藝術家，又是信仰者。他融海洋文化與高原文化、融漢文化與藏文化、融佛教文化與唐卡文化。他既堅守傳統，又努力開新。他將藝術追求成信仰，將信仰追求成藝術。他是藏文化與漢文化交融的實踐者，亦可說是青年一代中的引領者。每次觀賞其唐卡藝術大作，我都充滿感動，從中我亦感受到了文化傳承與文化交流、文化自覺與文化自信的魅力與力量！

我是佛教信仰者，吾在想，人有人格，僧有僧格，藝術也一樣。有藝品，還要有人品，人品與藝品雙好，其作品才算成品，才是精品；否則，便是廢品，只是殘品。

我因不懂唐卡藝術，在此，不敢妄評桑吉才讓先生唐卡的藝術造詣與境界。不過，他有兩幅唐卡藝術精品予福州開元寺結緣，還是專為開元創作的，我很為此感恩。其中，一幅畫的是開元的藥師佛，一度掛在開元的方丈室。另一幅畫的是開元的阿彌陀佛，以至今已有逾千年鑄造歷史的開元大佛形象作為參照進行創作。蒞臨開元的內行人，對此兩幅唐卡精品的藝術，皆給予極高的評價，感歎說：有傳承、有功底、有個性、有創新，認為作者前途無量，未來可期！

我想也是，佛教說，小龍不可輕，因為終成大龍，一飛沖天；小沙彌不可輕，或許有朝一日成了宗師。桑吉才讓先生如今年紀雖輕，可是年輕有為，已非小龍，而是畫壇大龍，我期待他成為猛龍，過大河，跨大海，騰江滔海、騰雲駕霧、呼風喚雨、飛龍在天。

說實在，我相信，一個對藝術忠誠如宗教信仰，對宗教信仰摯愛如藝術的藝術者、信仰者、探索者、追夢者，我們大家敬重的藏族小夥——桑吉才讓先生，他的藝術夢想與信仰夢想，在這盛世的新時代一定會實現。

從心底裡讚歎桑吉才讓先生唐卡藝術精品的又一次結集出版，祝福圓滿成功！期待桑吉才讓先生為民族藝術，為民族團結，為生命的綠葉鮮花，為人性的陽光雨露，更韌堅守，更勤奮力，百尺竿頭，更進一步！

希望大家與桑吉才讓先生多結藝術之緣，多結信仰之緣。祈福大家：日日是好日，月月是好月，年年是好年，生生是好生！

釋本性於開元三吉堂

甲登·洛絨向巴
中國佛教協會藏傳佛教工作委員會主任，
四川省佛教協會副會長，甘孜藏族自治州佛教協會會長

桑吉才讓作為藏族青年一代的唐卡繪畫師，在優秀傳統文化的滋養下，通過其精湛手藝繪製而成的唐卡作品，外化法相、莊嚴殊勝、線條流暢、配色協調、畫工精細；內容符合佛教法理，看得出是嚴格依照藏傳佛教傳統唐卡繪製所具備的線條、度量等標準要求完成的。這種力求內外的規範化，使其作品更加兼具形、神態上的「美」和「靈」。同時，他還與時俱進，巧妙地吸納並融合不同地域的文化元素和藝術色彩，展現了富有特色的個人繪畫風格。經多次觀賞，讓我深覺能夠做到如此特別不容易！

唐卡是中華優秀文化寶庫中具有鮮明民族特色和充滿佛教色彩的繪畫藝術之珍寶。像這類傳統優秀文化的傳承與發揚，對於增強和展現民族的「文化自信」有著十分重要的意義。希望桑吉才讓勇擔新時代賦予唐卡繪畫後繼人的使命與責任，不忘初心，再接再厲，為弘揚本民族優秀傳統文化貢獻更多的才智。同時，也祝願他能夠創作出更多的優秀作品，在發展民族文化的路上，取得更大的榮光！

桑吉才让唐卡藝術

桑吉才让唐

中國美術家協會副主席，中國美術家協會原分黨組書記

徐里 題字

HONGTANG

唐

普賢菩薩

普賢菩薩，佛教菩薩名，也曾譯為遍吉菩薩，音譯為三曼多跋陀羅。普賢菩薩是中國佛教的四大菩薩之一，象徵著理德、行德，與象徵著智德、正德的文殊菩薩相對應，同為釋迦牟尼佛的左、右脅侍。此外，毗盧遮那如來、文殊菩薩、普賢菩薩被尊稱為「華嚴三聖」。

普賢菩薩
70cm × 49cm
紅唐
2008年

ཨོཾ་ས་ཧྲིཿ་ཀ་ཡ་སྭཱ་ཧཱ

白度母

112cm × 86cm

紅唐

2015年

五部文殊

五部文殊即文殊的五種變化身，各具五種不同身色，與五智如來一一對應，表文殊集五種智能於一身。主尊為黃文殊，身黃色，頭戴五佛冠，表示五方佛的五種智能，頭頂做成五個髮髻，表示內心已經證得五智，右手高舉般若焰劍，表斷一切無明、愚昧、昏黯。左手當胸作轉法輪印，並拈青蓮花梗，沿手臂而上。花開齊於耳際，蓮瓣上平放著般若波羅蜜多梵匣，表般若智能浩瀚如經典。一切珠寶瓔珞表其報身圓滿，以金剛雙跏趺姿勢安住於蓮花日輪上。

五部文殊

120cm × 90cm

紅唐

2016年

三世佛

燃燈佛（又名「定光佛」「錠光佛」等），在已過去的莊嚴劫為佛，是釋迦牟尼佛之前的佛，曾在過去世預言釋迦牟尼未來將成佛，是授記釋迦牟尼佛之師。許多佛、菩薩都曾是燃燈佛弟子。

釋迦牟尼佛佛賢劫為第四佛，與脅侍文殊菩薩、普賢菩薩以佛法濟度娑婆世界所有眾生。

彌勒佛未來佛是賢劫中的第五佛，彌勒時代尚未來臨以前，還在兜率內院為菩薩。根據大乘佛教的說法，人人可以成佛，諸佛將濟度眾生，超越輪回而成佛。

釋迦牟尼佛

120cm × 80cm
紅唐
2017年

白度母

110cm × 90cm

紅唐

2018年

2 3 1

釋迦牟尼佛十八羅漢

110cm × 84cm

紅唐

2021年

釋迦牟尼佛十八羅漢

畫作賞析

藏傳佛教認為十八羅漢是受釋迦牟尼之命，在佛涅槃寂靜後住世各地，行守護佛法，教化眾生的尊者，因其不同功德，故有不同的尊稱。

本幅作品以紅唐形式繪製，底色為朱砂紅，象徵著權利和地位，畫面的主尊為釋迦牟尼佛，主尊的左右兩邊有序地繪有十八羅漢，每一位尊者的形象錯落在層巒疊峰的山水間，有的尊者在岩石山洞中修行，有的在祥雲中騰飛，有的進入禪定狀態……我們細細觀看、體會羅漢們的神情能夠感受到一種超凡脫俗的安詳與寧靜。

這幅精品紅唐畫面看似簡單，只有兩種顏色，但僅通過這兩種主色，就能把整幅唐卡的藝術特色完整地表現出來。這是因為在塗抹朱砂之後，又在紅色底子上用淡黃色和棕黃色進行描繪，增強了畫面的對比效果，更加凸顯出其藝術特色。

此幅作品中，作者把遠近、曲直、大小、亮暗、高低、薄厚、凹凸、粗細等各種矛盾的美學因素有機結合，表達出了紅唐莊嚴、大氣、精妙、輝煌的獨特魅力。每一片葉子上葉脈的線條都經過了精細的刻畫，沒有留下多餘的空白，甚至連葉片被風吹動時產生的裡外色差都能夠細雕出來，實屬難得。

降邊嘉措

藏族文學家，中國社會科學院少數民族文學研究所研究員

近日，我以極大的熱情閱讀和欣賞了青海省熱貢唐卡非物質文化遺產傳人桑吉才讓畫師即將出版的唐卡精品集，讓我對藏族唐卡藝術又有了新的認識，新的體驗，獲益匪淺。從這些精美的唐卡作品中，深切感受到桑吉才讓畫師對藏民族文化的熱愛和對唐卡藝術創作執著的探索精神。

桑吉才讓畫師把自己對藏族傳統文化的摯愛與不懈的藝術追求融匯於唐卡藝術的創作之中。他的唐卡創作，不但繼承了熱貢藝術的傳統畫風，同時也吸納了漢地寺院壁畫、敦煌石窟壁畫、西藏阿裡古格、夏魯寺、白居寺等壁畫的繪畫技法和色彩暈染等，別開生面，獨樹一幟，表現出濃郁的熱貢唐卡藝術的審美風格和多元的藝術情趣。

桑吉才讓畫師筆下的佛、菩薩、度母、羅漢、祖師、護法神等畫像，表現的法相莊嚴、悲憫慈愛、神聖超凡，生動地描繪和展示了佛教藝術的悲智行願之境，讓欣賞者心生愉悅，法喜充滿，不愧為當代藏族年輕一代唐卡藝術的優秀代表之一。

當然，作為一個新生代唐卡藝術的傳承人，他需要繼承和發揚前輩唐卡大師們的藝術創作精神，不斷提高唐卡的線描、色彩、構圖、裝飾等技法。提高自己對佛教藝術的領悟與修養，掌握和應用好藏族傳統藝術「三經一疏」的藝術原理，即《佛說造像量度經》《造像量度經》《畫相》及《佛說造像量度經疏》的佛教美學思想、造像法度以及藝術精髓。

同時，也要拓展和探索唐卡藝術的新內容、新題材，與時俱進，要用古老的唐卡藝術形式來反映社會主義新時代的現實生活，謳歌在中國共產黨的領導下家鄉草原所發生的翻天覆地的偉大變化，展示藏漢文明交往、交流與交融的歷史，為鑄牢中華民族共同體意識做出自己的貢獻。

張志剛

北京大學博雅特聘教授、博士生導師、宗教文化研究院院長，中國宗教學會副會長

桑吉才讓的唐卡精品，令人頓感「真、善、美」之情懷。年幼之時便矢志於唐卡藝術千年長河，使其而立之年的一幅幅佳作，一廂潛含令尊的藏傳佛像造型藝術之基因，一廂則彰顯師父的勉唐派唐卡繪畫技法之真傳。中國古典美學最講求「意境」，這位青年才俊的筆觸，不但盡表其「功力」，更為流露其「用心」，一展中國化藏傳佛教「大慈大悲、揚善除惡」之精神，千年唐卡所追逐的藝術境界可作如是觀。唯願這位年輕的工藝美術大師、勉唐派唐卡藝術傳人，持守初心，日新日進，創作更多的傳世佳作。

心定蓮花開

花開
景吉才讓先生正
庚子金流書

中國書法家協會顧問、第七屆副主席，河北省書法家協會主席，河北省文史研究館館員 **劉金凱** 題字

金

JINTANG 唐

蓮花生大師

99cm×72cm

金唐

2014年

2

4

7

綠度母

100cm×70cm

金唐

2016年

密宗三怙主

文殊菩薩，四臂觀音菩薩，金剛手菩薩。三怙主的三位菩薩的位置可以互換，誰在中央，誰在兩邊，不一定，三怙主的位置可以互換。

三怙主代表諸佛菩薩智悲力的總集。文殊菩薩是所有諸佛菩薩智慧的總集，四臂觀音菩薩是所有諸佛菩薩慈悲的總集，金剛手菩薩是所有諸佛菩薩力量的總集，是佛教護法將軍的最高統帥。力量什麼意思？簡單解釋：神通法力，所有諸佛菩薩中，除了大威德金剛，就屬金剛手菩薩的神通法力最廣大，任何難於調服的惡勢力，只要金剛手菩薩出手，沒有任何惡勢力調服不了的！

密宗三怙主
96cm × 69cm
金唐
2017年

千手千眼觀音
106cm × 69cm
金唐
2017年

白度母

100cm × 70cm

金唐

2018年

白度母
100cm × 70cm
金唐
2018年

釋迦牟尼佛

118cm × 85cm

金唐

2020年

釋迦牟尼佛面相慈善，神態安詳，全身金黃色，一面二臂，深墨色頭髮結高髮髻，身著金黃色袈裟，袈裟多餘之長度披掛左肩於裸露之左手臂之上，雙腿交叉盤坐，右腿置於左腿之上，以金剛跏趺坐姿安住，右手延伸過膝，掌心向內持「觸地印」，意謂呼喚大地於其證悟之時刻作為見證，左手安置於腰間臍下托佛缽，安詳端住於八獅拱抬寶座，周邊金色蓮花，安坐於月輪之上。其下隨侍兩側從左至右為其兩大弟子舍利子和目犍連，二者均一手持權杖，一手持佛缽。

全幅唐卡以黃金、赤金作為底色，以勾、磨、刻、劃、刺、滴等傳統手工技藝繪製。這裡所說的「底色」不僅僅是一種顏色，而是金汁塗堆起來，具有一定厚度，能在上面雕刻唐卡畫面的「底色」。經過研磨提取的金純度高，質地細膩，軟硬適中，光澤鮮亮，是金唐必備的前提條件。

金是一種珍貴的金屬，是財富的代表，金唐就是藏民族用珍貴的財富來表達自己虔誠信仰的一種方式，金唐的核心技藝在於用傳統工藝的手法使金的形態發生諸多變化，並在其過程中探尋視覺藝術語言。

金就是金唐最基本的材質，這種材質在用法上有非遺傳統中沉積下來的許多「祖傳秘方」，這就是金唐最主要的非物質文化遺產特性。

金唐是唐卡中用金最多的唐卡，是名副其實的金碧輝煌。所以金唐的繪製不僅有大小不同、形狀各異的磨筆、刻筆、劃筆、刺筆等，而且筆頭都是瑪瑙，九眼石之類的寶石。底色繪線條的所有空間都要用寬磨筆進行磨金，磨金時需將打磨的部位墊下硬板，進行慢慢壓磨，其目的是使金色體現出光澤。劃筆是在一定範圍的畫面上用劃的痕跡表現出線條。刺筆主要是刺出細節性的圖案，如袈裟上的細小圖案，刺出來的圖案細看起來就像金匠用金雕鑄出來的一樣，通過用瑪瑙筆刺出圖案，從點到面呈現出莊嚴立體的藝術效果。

用線條勾勒和描繪人物形象及景物是這幅作品的最主要的特色。在這幅唐卡中，主尊釋迦牟尼及其隨從人物、天地、花草、樹木等所有景物幾乎都是以線塑造出來的，其線條在繼承前人技藝的基礎之上又有很大的發展，所有的線條都一次性用毛筆拉線或用瑪瑙筆刻劃而成，細節都是用刺筆刺壓而成，如果技藝達不到要求無法進行二次修改，根本不存在修改的餘地。這幅作品中的祥雲勢若風旋，佛菩薩身上的袈裟好像在飄逸之中，背光的每一條光線圓潤而粗細度化自然有力，從畫面的線條度化來看，無論拉線、描線、刻線、劃痕線都磊落圓軟，柔中有剛，剛中帶柔，不疾不徐，靈動異常，有隨風飄拂之感。特別是這幅金唐四周的紅色逐漸襯托起中間金色的過程中體現出了作者意念世界的進一步昇華，這種設計方式幾乎在其他的金唐上從未見過，這進一步突顯出了畫面的技術效果。

張法

四川大學文科講席教授，2005年度教育部長江學者，
中華美學學會副會長，第六、七屆國務院哲學學科評議組成員

藏傳佛教在中華民族多元一體博大深厚的思想中佔有重要地位，唐卡在中華民族多元一體豐富多彩的畫類中具有獨特的地位。桑吉才讓，藏族才俊，他畫唐卡，他的一幅幅佳作，我看了都很歡喜，感到他對唐卡有自己的體悟，這體悟不僅與唐卡的輝煌傳統有關，還帶著時代的特點，這裡內蘊了他個人的時代經驗在其中。多年來，我去過西藏、西康、甘南、內蒙的不少名寺，看過很多廟中的唐卡，倘要讓我用最少的話講講我對桑吉才讓唐卡畫的感受，我覺得可以四字以蔽之：真、細、亮、美。

任軍偉

首都師範大學美術學院副教授，《中國書畫》原副主編

桑吉才讓的唐卡作品，打動我的並不是它的題材，而是它的色彩以及色彩所透發出的柔曼的韻致。

其色彩的用筆，不是那種常見作品中強烈的渲染，而是如夢如幻一般的鋪延，手法文雅而微妙到位，舒緩而不懈怠。畫面的整個底色都偏於青灰，作品也始終籠罩在一種與佛教文化氛圍相統一的格調中。但奇異的是，畫面並沒有給人一種壓抑之感，或者說底色偏灰偏冷卻並沒有使人感到沉滯，彷彿依然能從作品中流淌出一脈低沉而悠揚的旋律。這無疑是桑吉才讓通過色彩傳達而出的安詳的心靈節奏，更是畫家情感沉吟往復的一種色彩吐露。

桑吉才讓在創作時，一定意識到了底色青灰的調子可能會帶來的壓抑的視覺效果，所以他才把人物的衣帽用紅色或者黃色加以打破。儘管如此，這些紅色或者黃色在保持著飽和純度的同時，還是稍微降低了它的亮感，只是在有些人物貼身衣物的領口和袖頭，又以純白或間以黑色的襯衣來進一步提升畫面的色階音程，如同驟然形成的一個旋律中心，使整個色彩樂譜在低回之中終於遞進奏鳴出一個響亮的音符。

桑吉才讓在情境捕捉和選擇上，恰恰在力避人為的傾向，他沒有將佛像人物如攝影擺拍造型那樣的明顯安排，沒有圍繞某種主題而將人物關係進行有意的設定，也沒有為了表現某個情節衝突而對人物加以戲劇化的處理，更沒有著意地突出某個主體形象，而是極為自然地、妥帖地，如同隨機式地擷取每一尊佛像的一個瞬間情境，極為真切而又不著痕跡地、巧妙地描寫了唐卡人物的那種既不尋常卻又平靜如水的心態和形象。

三吉

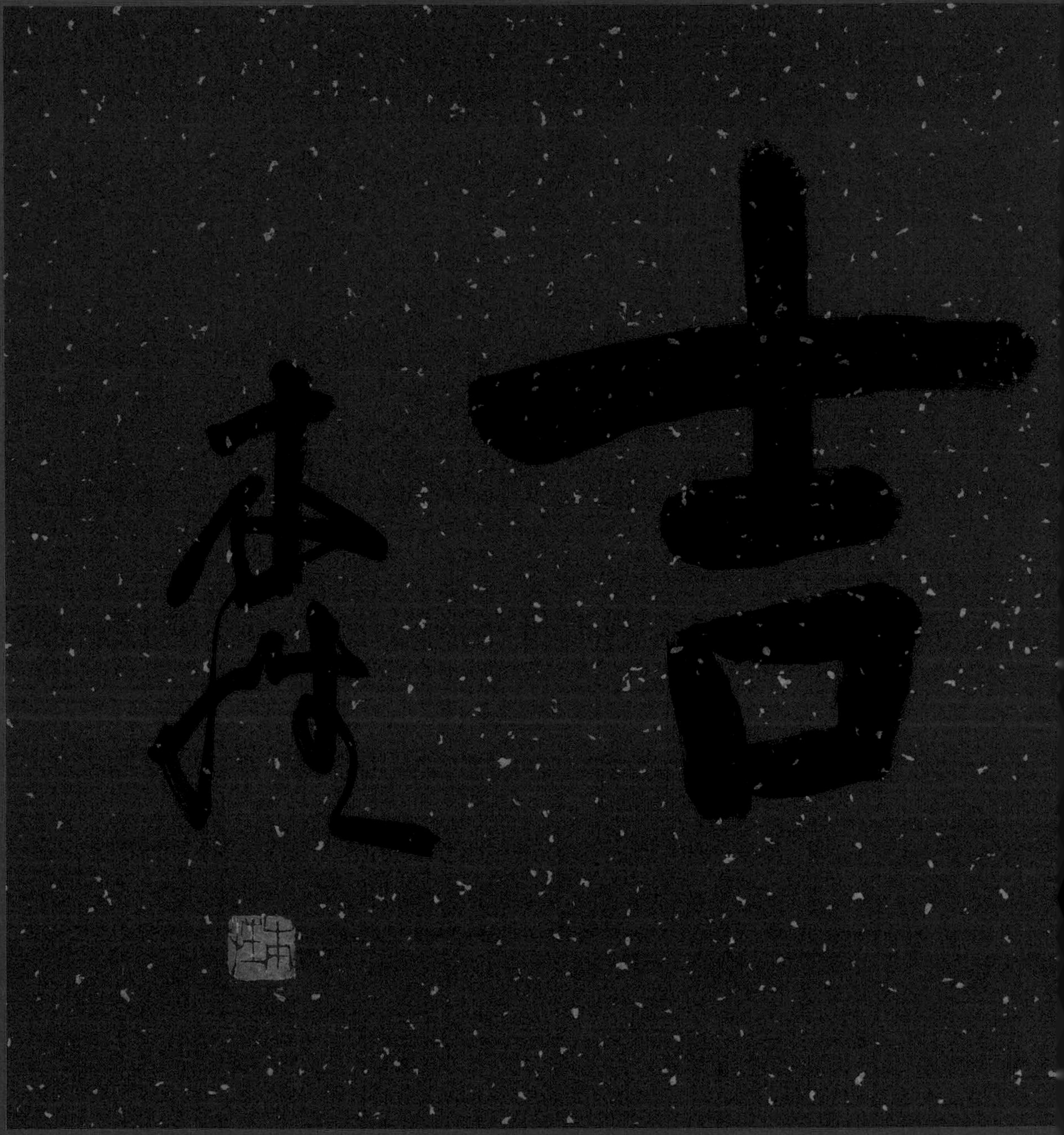
吉

中國佛教協會海外交流委員會副主任，福建省佛教協會
常務副會長，福建省佛學院院長，莆田廣化寺方丈，
福州開元寺方丈 **本性法師** 題字

藍

LANTANG

唐

自在觀音

80cm × 60cm

藍唐

2016年

上海靜安寺 藏

如意觀音

如意觀音是觀音的三十三個化身之一。如意觀音，即阿耨觀音。為梵語，本土的叫法為如意觀音。根據《法華經．觀世音菩薩普門品》記載，如意觀音是觀音三十三化身之一。如意觀音，右手持如意，象徵事事如意，立於蓮花上，安定人心。

如意觀音

43cm × 30cm

藍唐

2017年

送子觀音

觀音菩薩是佛教四大菩薩之一，大慈大悲，能以種種方便滿足眾生的需求，隨機示現種種形象。民間很多不能懷孕之人至誠懇切的求觀音菩薩，菩薩大都慈悲加持，令其滿足心願，乃至有了「送子觀音」的說法。

送子觀音

79cm × 53cm

藍唐

2018年

四臂觀音
79cm × 53cm
藍唐
2019年

四臂觀音

畫作賞析

四臂觀音是觀世音菩薩的化身之一，是雪域高原的守護神。藏傳佛教認為信奉四臂觀音持六字大明咒可以消除病苦、刑罰、非時死之恐懼，增壽減災，財富充盈。

四臂觀音一面四臂，慈悲善良，頭戴王佛冠，身穿輕柔天衣，袒胸露腹，戴著珍寶耳環、珍寶項鍊、珍寶瓔珞，第一雙手之右手持水晶含珠，左手持八瓣蓮花，第二雙手當胸合掌，掌中持寶，雙足跏趺於蓮花寶座中央，身後有光環、祥雲、樹木、遠山。

這幅作品是藍唐帶彩的形式完成的，整幅唐卡的底色是藍色，作品中有五個人物，以近大遠小的方法，主尊四臂觀音突出在主要地位；畫面左上方祥雲中飄降著文殊菩薩，其下方繪有朝拜文殊菩薩的人物雙膝跪地朝拜；畫面左下方畫有金剛持菩薩，全身在雲霧與水之間，左上身從水中半露，其右側龍女手奉佛經，虔誠地閉目祈禱朝拜。

主尊繪製在靠右側，這樣金邊銀角佈局畫面張力更大，空間感深遠，給觀者一種身心愉悅的感受。整幅畫面呈現天青石色調，主尊膚色白，以綠來柔和作品主次，使畫面有一種無形聚光照射之感。主佛穩坐在巨大的蓮花中央，花瓣暈染層次鮮明，色澤淡雅柔和，花葉隨風浪搖動，大小形態各異的荷葉舒展，在水面上飄搖，從一花半葉的變化中顯現出荷的千姿百態。隨浪運動的魚鳥等形象既寫其形，也傳其神。此畫中佔有較大空間的蓮花，有花瓣、花蕊、花蒂，透過花瓣與花瓣之間能夠清楚地看出精細嫩鮮的黃色花蕊。紮根於水中的花幹，露在水面的花枝，大小寬窄變化自然的葉片，中間色濃花瓣小，花瓣漸大色漸淡，如此色調統一，變化自然的一朵荷花成為主尊的寶座，給人一種無比沉穩，美麗大方的藝術享受。作者希望通過這樣的顏色對比和設計佈局充分表現畫面的藝術效果。

傳統唐卡當中，我們常見將主尊安排在畫面中央，此幅唐卡的佈局則把主尊繪製在右側，突破了傳統唐卡的設計理念，充分利用空間拓展的技巧給觀者留下了許多思考空間，這也是桑吉才讓先生在口述中所說的「線條給觀者留下了思考」，也表現出作者不斷吸取古人和今人的優點，在藝術道路上繼續探索前進的精神。

王登科

榮寶齋《藝術品》主編，榮寶齋書法院院長

對於唐卡，一直覺得它有一種莫名的神秘感，這或許也是來自於對藏傳佛教的好奇。

就形式意義而言，總是拿它當作佛教題材的中國畫重彩來看，事實上卻是似是而非的。因此，對於唐卡繪畫，我一直都保持高度的緘默，從不敢置一喙。因為它的形式就是義理，它的精心與匠心就是莊嚴示範的本身。你確實可以作世俗的繪畫看，但就它的初心而言，卻一定是佛教修為的一種。所以說，歷來唐卡藝術的賡續，都要像佛教的薪火一樣，傳承有緒，克紹箕裘，斷不是美院的中國畫系可以勝任的。其實，道理也很簡單，就是說「唐卡非技也」，乃藏傳佛教之修行之一種也。

眾所周知，作為藏傳佛教的神聖之物，唐卡被認為是人神交匯之媒介，也是出家人修觀想和傳播法音的重要用具。然而，隨著世風澆漓，真正意義上的唐卡也日漸式微，隨之而來的便是那些僅存其表的「重彩繪畫」，而充斥於這個物質主義時代的日上塵囂裡。

而作為一個有著菩提之夢的凡夫如我者，也一直懷揣著這樣的困惑，徘徊於「藝術」與圓滿之間，猶豫在漫漫的人天之路上。

前些天，承蒙廈門大學的錢陳翔教授，在微信上推送給我一組桑吉才讓的唐卡作品，頓時讓我眼前一亮，恰好此時，我正在讀赫爾曼·黑塞的《悉達多》，一本講述佛陀智慧成長的小說，而此刻桑吉才讓的唐卡繪畫也正映現在我的眼前，雖然隔著手機螢幕，但它的力量和那個圓滿的故事一樣，在歷史與現實的時空裡，一併放射出耀眼且能夠穿透心靈的熠熠光芒。

在此，我無需對於這些神奇的唐卡意象進行饒舌地描述，任何贊辭對於由衷和誠摯而言都顯得是那樣蒼白。但有一點是要與大家分享的是，世俗「藝術」所能抵達的僅僅是人的感官功能，而桑吉才讓筆下的「鏡象」或可讓人走進另一個廣闊的、圓滿的智慧之城。

這或許也是桑吉才讓唐卡藝術對於我們的一些啟迪與開示吧！

漫嗟寥廓人天路，

清興吟出好山川。

謹以此，與桑吉才讓先生及諸位方家互勉。

馬明宸

北京畫院研究員，中國工筆畫學會青年藝委會委員

佛教傳入東土，士庶信奉者日眾，至唐而達於鼎盛，上至宮廷貴戚、下到民間販夫走卒皆頂禮膜拜、崇奉若狂，釋家遂漸與儒、道兩家形成了分庭抗禮的鼎足之勢。中華百姓崇佛向法的修行，從政府層面的寺廟建造、雕刻繪塑、畫壁圖形，到善男信女寫經持誦、禮佛聽經，至於今而不絕，尤其是地處西南部的少數民族地區，依然餘緒不絕。佛教在中土流傳兩千多年，留下了大量的寺廟建築、造像雕刻以及經卷法器，佛教文化也就形成了中國傳統文化的一個重要組成部分，唐卡藝術就是佛教文化中的一支瑰寶。唐卡作為卷軸形式的絹綢本繪畫，其功能主要是為了滿足行旅或居家的修行者供奉禮拜之用，是為宗教活動服務的，所以宗教之外的藝術功能並不突顯。但是正如同古代的佛像雕刻在今天被視為純粹藝術品一樣，宗教文化又往往都具有某種藝術品格，我們今天統稱為宗教藝術。

在佛教依然流傳的中國西南、西北部少數民族地區，宗教藝術的製作依然還存在，也被國家作為非物質文化遺產得到了傳承和保護，藝術家桑吉才讓就是在青海地區從事唐卡繪畫的一位優秀藝術家。佛教藝術的傳承和創作在方式上不同於一般意義上的藝術創作，更多近於民間手工藝，其傳承方式一般都採用傳統的師徒制、工匠作坊式的教學模式，並且一種技藝往往也是經由家族來傳承的，如同宗教壁畫的繪製一樣屬於特殊行業。

桑吉才讓出身於佛教藝術世家，他的父親從事佛像塑造職業，桑吉才讓自幼便耳濡目染受到了良好藝術氛圍薰陶，後來他又拜師學習，接受了經典的佛教藝術傳承式的職業訓練，練就了扎實的手頭功夫。唐卡繪製對於技術、材料和工藝的要求更高於普通的藝術創作，題材相對固定，風格樣相也大多都有模本，講求程式，技術要求比較高，繪製者是在比較嚴謹的繼承的基礎之上，再逐漸延伸創造的，如同中國傳統的戲曲藝術創作一樣。

桑吉才讓在從業經歷中奠定了堅實的技藝基礎，他筆下的人物形象典雅醇厚，構圖組合疏密有致，線條遒勁，設色清雅明麗，彰顯出佛家之華麗莊嚴的同時又透出一派安寧祥和之氣。佛教藝術的創造，從事者除了要有匠人的技藝和精神之外，往往還有對宗教的信仰，藝術創造同時也是作為功德之一來修行的，這樣才能達於內心的寧靜，才有全身心的投入，這樣的作品才能夠達於化境。桑吉才讓的作品就具備了這幾種精神氣質，故而能現出佛教之精深宏大的境界。

筆尖上的修行

筆尖上

中國美術家協會理事、中國畫藝術委員會委員，福建省文聯副主席、書記處書記，福建省美術家協會主席

王來文 題字

墨

MOTANG

唐

大威德金剛

99cm × 67cm

墨唐

2010年

觀音對話舍利子
108cm × 77cm
墨唐
2012年

觀音對話舍利子

畫作賞析

大慈大悲的觀音菩薩為了救度輪回的眾生，變換各種不同的形象來應機調伏，因形象有異而名號亦不同。藏傳佛教和漢傳佛教一樣，觀音菩薩解救眾生的苦難，隨機化現的身形很多，功德無量，法力無邊。

畫面中觀音菩薩側身端坐在自然石板上，前方上空祥雲中顯示出佛祖釋迦牟尼。觀音菩薩左手持花，花中與之面對面端坐的是佛的大弟子之一——舍利子。

畫面中的三個人物，主尊觀音菩薩形象如同《西藏王統記》中所說的：「從蓮花海的蓮蕊裡面，幻化生出梳髻的化身，色如雪山佩戴各種珍寶，模樣俊俏使人十分心愛。這世間罕有的端莊化身，他是大慈大悲的觀音菩薩，身色潔白如同那白蓮花，佩戴珍寶，相貌端莊俊美。他並非繼承你的王統而來，他將在雪域邊地弘揚佛法，他是那教化一切的佛的化身，他大慈大悲將利益天下眾生。」畫中的觀音菩薩全身潔白，塔型髮髻高聳，戴寶冠，細彎眉，低垂眼臉，直鼻小嘴，面如滿月，嬌美娟秀，神情祥和，寶飾嚴身，披鈦金色披肩，上身赤裸，豐胸細腰，身相美妙。左手於左膝處，掌心向內持觸地印，右手食指伸出，好像《心經》中所述的，回復著舍利子所提出的問題。下著紅色長裙，右腳著地，左腳搭在右膝上，這個形象飽滿而莊嚴。

此幅作品以墨為主色，以赤金和黃金來明暗層次感的對照，以線條來體現意境，由金來柔和墨色在內的五色天性，畫面根據「少即是多」的哲學觀念，留下大量空間，給觀者一種可觀、可遊的無限想像空間和寧靜致遠之感。

釋迦牟尼佛與十八羅漢

88cm × 140cm

墨唐

2015年

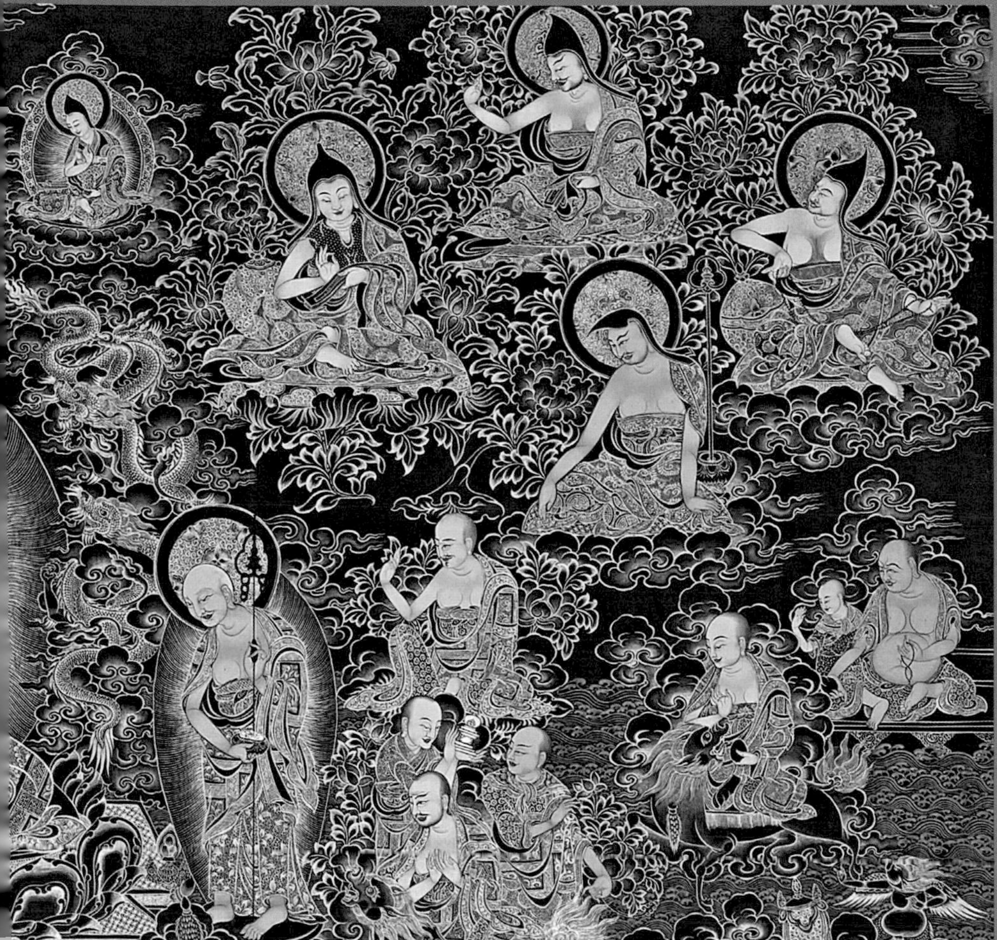

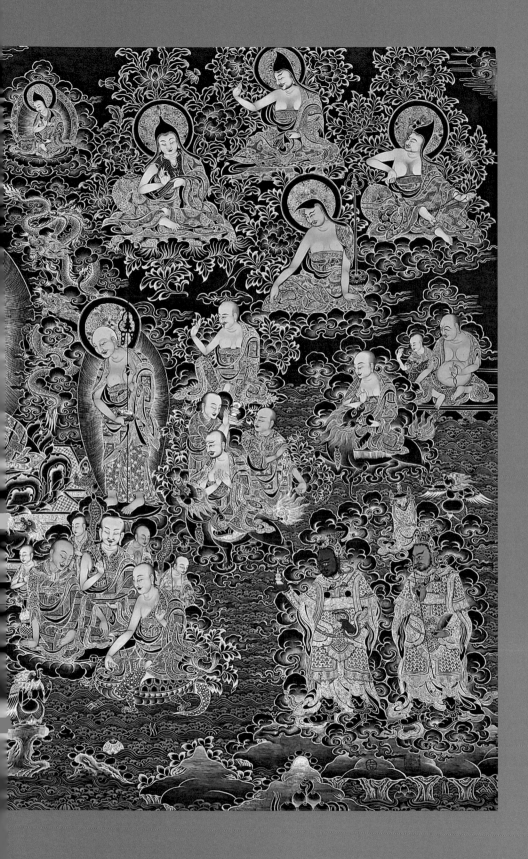

釋迦牟尼十八羅漢

113cm × 85cm

墨唐

2017年

二十一度母

二十一度母，藏語稱「卓瑪聶久」，是度脫和拯救苦難眾生的一族女神，同時也是藏傳佛教諸宗派崇奉的女性本尊群。因此二十一位元度母在藏族地區被廣大信徒或百姓普遍敬拜，有著極大的吸引力。度母有許多不同的身色，括囊有六，即白、紅、藍、黃、綠、黑等六色。白色表度母之身，紅色表度母之語，黑藍色表度母之意，黃色表度母之功德，事業則以綠色作代表。度母是示現為女性菩薩形象的佛，度母的含義是度脫災難和痛苦。

藏民族認為，二十一度母能救度獅子、大象、毒蛇、敵人、盜賊、鐐銬、火水所致的8種災難和恐懼。也有認為能救度16種災難的，如藏文經典《佛母至尊度母佛法歷史玉葉樂園》記載，二十一位元度母能救度怨敵、獅子、大象、火、毒蛇、盜賊、牢獄、海浪或水、食肉或非人、麻風病、死神、貧困、親眷分離、國王懲罰、霹靂、事務衰萎所致的16種災難恐怖，除此在順境中還可增加順緣、增長福壽，對眾生有情利益甚大，被尊為世間生死輪回中拯救一切眾生的度脫之母與諸佛所有事業的擔負者或佛母。

二十一度母
119cm × 83cm
墨唐
2017年

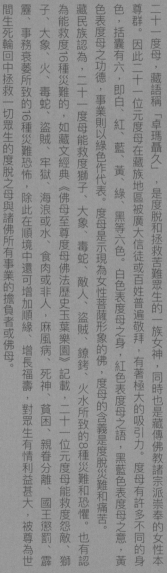

地藏菩薩

地藏菩薩是中國佛教四大菩薩之一，相傳其說法的道場在安徽九華山。據《宋高僧傳》卷二十等文獻記載，地藏菩薩降誕為新羅國王族，姓金名喬覺，出家後於中國唐玄宗時來華，居九華山數十年後圓寂，肉身不壞，以全身入塔。

佛經中稱地藏菩薩受釋迦牟尼佛囑咐，在釋迦既滅、彌勒未生之前，自誓必盡度六道眾生，拯救諸苦，始願成佛。由於佛典記載，地藏菩薩在過去世中，曾經幾度救出自己在地獄受苦的母親，並在久遠劫以來就不斷發願要救度一切罪苦眾生尤其是地獄眾生，所以這位菩薩被認為具「大孝」和「大願」的德業，也因此被普遍尊稱為「大願地藏王菩薩」。

地藏菩薩
79cm × 55cm
墨唐
2018年

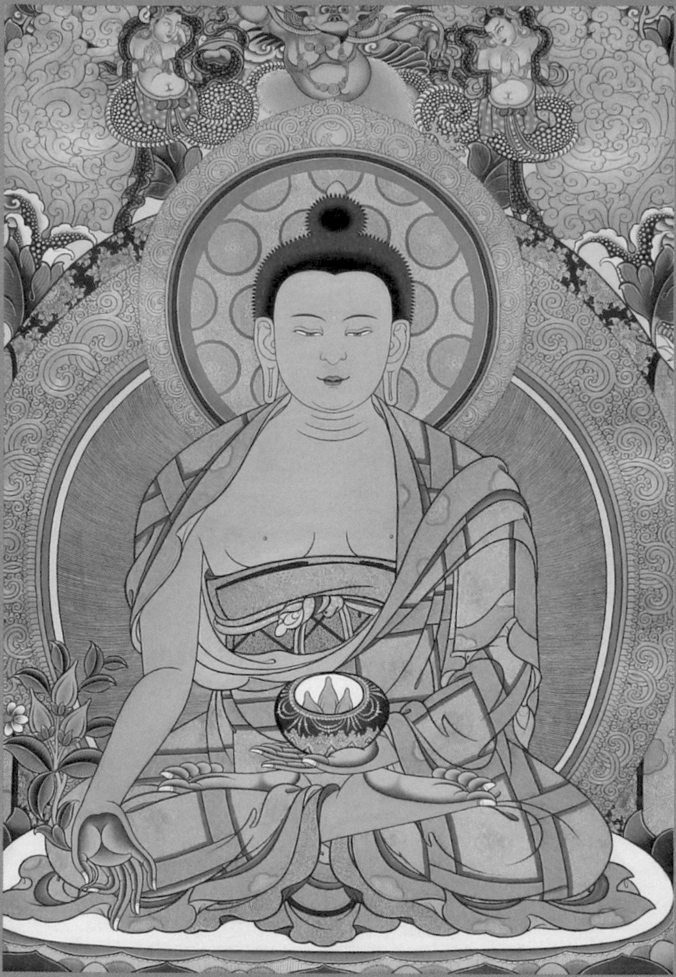

藥師佛
109cm × 80cm
墨唐
2018年

普賢菩薩

66cm × 38cm

墨唐

2019年

財寶天王

財寶天王一般指多聞天王。多聞天王，為佛教護法之大神，是四天尊王之一。此尊王原為古代印度婆羅門教、印度教中的財神、北方保護神俱毗羅，早在印度古代史詩《摩訶婆羅多》等書中就已出現過。

北方多聞尊天王，普天身護法像，是中國大乘佛教寺廟中「天王殿」中的伽藍，一般身綠色，穿甲冑，右手持慧傘左手握持神鼠——吐寶鼠。「毗沙門」梵文譯音，翻譯為「多聞」。尊王據須彌山天北方世界，手持慧傘，用以降伏魔眾，護持眾生修行資糧。

財寶天王
110cm × 90cm
墨唐
2019年

長壽三尊

在藏傳佛教中，長壽佛、尊勝佛母、白度母被認為是福壽吉祥的象徵，稱為「長壽三尊」，是西藏諸多寺廟中常見的佛像組合形式。長壽三尊一般以長壽佛為中央主尊，左下是白度母，右下是尊勝佛母。

長壽三尊

118cm × 81cm
墨唐
2019年

自在觀音

44cm × 33cm

墨唐

2019年

中華人民共和國文化和旅遊部恭王府博物館 藏

准提佛母

准提菩薩漢譯有准胝觀音、准提佛母、七俱胝佛母等名。准提菩薩為顯密佛教徒所知的大菩薩，在禪宗，則稱之為天人丈夫觀音。在中國佛教徒的心目中，准提菩薩是一位感應甚強、對崇敬者至為關懷的大菩薩，更是三世諸佛之母，他的福德智慧無量，功德廣大、感應至深，滿足眾生世間、出世間的願望，無微不至的守護眾生。修學准提咒並沒有任何限制，不分任何身份者，都可以修學誦持的，依此也可看出准提菩薩的慈悲。

准提佛母
79cm×69cm
墨唐
2020年

研究

YANJIUWENZHANG

文章

合頌

文 | 桑吉紮西
中國佛教協會原副秘書長
中國佛教協會藏傳佛教工作委員會副主任

眾所周知，以唐卡為代表的熱貢藝術2006年被列入《第一批國家非物質文化遺產名錄》。2009年「熱貢唐卡藝術」被聯合國教科文組織列入《人類非物質文化遺產代表作名錄》。

我想，這不僅是青海省熱貢藏傳佛教文化藝術的驕傲，也是中華傳統文化藝術的驕傲！

作為熱貢唐卡藝術的傳承人，夏吾才郎大師、更登達吉畫師、娘本畫師、夏吾角畫師、桑吉才讓畫師等正是當代熱貢幾代唐卡畫師中最為重要的不同時代的傳承代表人。

縱觀桑吉才讓的唐卡作品，他畫筆下的佛、菩薩、度母、觀音、尊者、祖師等系列畫像，造型莊嚴慈悲，他嚴格依照藏傳佛教畫像儀軌的要求，用身口意三業的結合統一，描繪出佛、菩薩、護法、祖師大德的慈悲親和力，同時也生動地刻畫傳達出佛、菩薩、護法等威嚴的攝受力。他的唐卡作品用心描繪出佛、菩薩等眾生平等，悲天憫人的無盡慈愛和宏大願力。

讓唐卡的觀眾在豔麗的色彩、生動的線條、準確的人物造型中，領悟出畫面的佛法精神，從而心生歡喜，感受到因佛法而帶來的身心愉悅和法喜充滿。

桑吉才讓的老師夏吾才郎是當代藏族

唐卡藝術中最為重要的唐卡藝術大師。早在1988年就被評為中國工藝美術大師，成為藏族歷史上首位獲此殊榮的藝術家。其繪畫經歷豐富，曾在1942年跟隨張大千赴敦煌臨摹壁畫達兩年之久，形成了在傳統唐卡繪畫的基礎上，將印度、西藏、敦煌的繪畫藝術風格融為一體，廣泛吸取各地佛教繪畫藝術流派的養份，不斷進取，博採眾長，推陳出新，從而形成了自己特有的藝術風格。

作為夏吾才郎的關門弟子，桑吉才讓自幼跟隨父親學泥塑彩繪，後轉學唐卡繪製，從藝二十多年來，繼承恩師夏吾才郎大師作品中的敦煌藝術的技法色彩和藏族唐卡的色調風格，融熱貢唐卡的描金技藝和漢族工筆畫技法，逐步形成了自己獨特的唐卡繪畫技藝和審美藝術風格，成為熱貢唐卡藝術轉型階段最具代表性的人物之一。

桑吉才讓於2020年被評為青海省非物質文化遺產代表性傳承人。唐卡(Thang-ga)為藏語音譯，意為用彩緞裝裱而成的佛教卷軸畫，產生於西元7世紀的吐蕃松贊干布時期。內容以佛、菩薩、度母、護法神、祖師等佛教題材為主，具有鮮明的民族地方特色，以及獨特的繪畫技法、審美標準和藝術風格，歷來被藏族人民視為珍寶。

唐卡作為藏族傳統文化中獨具魅力的繪畫藝術形式之一，其內容也涉及藏族的社會歷史、民俗風情、天文曆算、科技醫學等諸多領域，因此，也被稱為藏民族的百科全書。唐卡在繪製顏料上，採用金、銀、綠松石、青金石、珍珠等諸多名貴的礦物顏料和植物染料為多，用料極其考究，色澤對比度強烈、色彩豔麗奪目、經久不褪，具有濃郁的雪域高原情調。

唐卡藝術構圖嚴謹、講究繪畫度量經的法度和美學標準，畫法主要以工筆重彩和白描為主。常見的唐卡種類有彩繪唐卡、刺繡唐卡、推繡（織錦）唐卡、緙絲唐卡、貼花唐卡和珍珠唐卡等。

桑吉才讓的唐卡創作不僅繼承了傳統的熱貢風格，同時還吸收了漢地山水畫、西藏勉唐畫派以及敦煌壁畫等的色彩暈染、構圖佈局和線條勾勒，表現出生動濃郁的熱貢地方審美風格和藝術情趣。除了有傳統題材的唐卡外，還有反映漢藏文化交流的歷史題材唐卡。如對敦煌莫高窟壁畫題材的唐卡摹寫，這些唐卡作品描繪了漢藏佛教文化在敦煌莫高窟的交往交流和交融，生動鮮活地再現了藏族的信仰生活和民族風情。此外，還有表現東南沿海媽祖信仰的唐卡創作。這些唐卡作品，真實反映了一個藏族青年畫師對唐卡技藝的傳承、發展與創新的不斷探索，體現了中華民族可貴的工匠精神。

多年來，唐卡藝術得到了青海省各級黨、政部門的大力關心和文化扶持，幾代唐卡藝人通過自己勤奮的藝術勞動創作和傳承，逐漸改變、改善了當地藏族百姓貧窮落後的家庭生活和社會環境。如今當地藏族家庭的日常生活水準普遍得到提高，非物質文化藝術遺產觀念的認知得到普及，當地藏族百姓的文化素養和文明程度不斷提高，以適應社會主義核心價值觀念，以適應對中華民族的文化認同和國家認同等。

唐卡藝術家們以信仰之心、以藝術之美表達著對新生活的熱愛和讚美，這是熱貢唐卡藝術傳承人們不忘初心，牢記使命的可貴之處。是他們熱愛家鄉、熱愛祖國、熱愛中國共產黨的藝術表達和藝術讚美！

可以說，唐卡藝術是中華民族大家庭藝術長河中的一朵奇葩，也是增強和鑄牢中華民族共同體意識的文化交流符號與藝術象徵。

衷心期望，桑吉才讓畫師在今後的唐卡創作中，能夠不拘泥於宗教題材，大膽開拓唐卡的題材，並結合現代的多種繪畫技法，充分展示出唐卡藝術在二十一世紀的新題材和新風貌，反映時代心聲，表現和謳歌偉大祖國的文明進步，繁榮富強，以及中華民族偉大復興的中國夢。

（本文有刪減）

彩墨與佛事

桑吉才讓繪畫過眼錄

文｜朱萬章
中國國家博物館古代繪畫研究所
所長、研究館員

隨著馬齒徒增，越來越發現人與人之間、人與物之間、人與事之間所發生的各種聯繫，總是有一種不可知的力量在牽引著。或許這便是大家所說的緣分。和唐卡畫家桑吉才讓的交集也是如此。因錢陳翔兄的緣故，得以獲知桑吉才讓其人其畫。又因為陳翔兄最近要為其梓行畫集，邀約為其寫幾句，故得以認真拜觀其畫，並由此生髮出諸多的感悟。

對於並無直接交遊的畫家，我往往先觀其畫，再瞭解其人生和藝術經歷。一般說來，看其畫，而知其人，對畫家及作品的關聯基本就會有個粗略的認知。但在我細讀桑吉才讓繪畫之後，繼而瞭解其人，幾乎完全超出了我的預估範圍。觀其畫，我想這無論在畫藝的歷練，還是人生的閱歷，以及對佛學的修行方面，都應該是一個老者或接近於老者的人所為。作者筆墨老練，心境平和，所寫觀音大士法相莊嚴，完全不像是一個剛過而立之年的青年人所繪。他的繪畫與其年齡的不相稱恰恰說明其在畫藝方面有著超越常人的積澱，而其來自內在的修為又與其畫藝相得益彰，使我不得不驚歎其年少筆老的畫風。

桑吉才讓是從私塾式的言傳身教中成長起來的一代唐卡畫家。他從小生活在藏傳佛教氛圍濃厚的區域，對佛教教義、佛事及唐卡繪畫耳濡目染，受其薰陶，因而成爲其生活中不可或缺的一部分。這些在外界的人看來神秘而莊嚴的藏傳佛教繪畫，在桑吉才讓的人生中，就是一種如影隨形的生活方式，因而他畫起來，自然就有一種「為有源頭活水來」的快意。他曾經自述其「每天晚上躺在炕上蓋著被子閉上雙目準備入睡時，眼前出現的都是早晨在寺院的佛殿中看到過的壁畫和唐卡，而且其中的部分畫面和局部的一些細節反復出現在眼前」，這種體驗無疑成為其唐卡生涯中非常珍貴的精神財富。他浸染其中，不僅在唐卡與壁畫的畫法上爛熟於心，更重要的是，在這些神聖的畫像中，他體味到了繪畫之外的佛教教旨。所以，看其精心繪製的唐卡，能感受到他是在以筆墨作佛事。每一根線條，每一塊顏料，每一筆暈染，每一個眼神，都傾注其描繪物件的深入解讀。他所繪釋迦牟尼，能直達其普渡眾生的胸懷；所繪蓮花生大師，能抓住其威嚴與雍容；所繪千手觀音，能傳遞其祥和與寧靜；所繪十八羅漢及諸菩薩，都能將各自的法相與神態刻畫得栩栩如生。桑吉才讓筆下的諸佛與菩薩、羅漢、金剛等，都是其對佛教教義的深刻闡釋，是其佛教修道之行的延伸。可以說，在桑吉才讓的唐卡畫中，彩墨即佛事，而佛事則借助於彩墨呈現。如果沒有對藏傳佛教教義的深入解讀與領悟，我們可能未必能看到桑吉才讓如此形神畢肖的唐卡人物。這是我拜讀其唐卡繪畫的最初印象。

在繪畫技法方面，桑吉才讓表現出與老一輩唐卡畫家不一樣的成長歷程。在其白描畫中，既可見到其深植於宋元以來白描人物畫的傳統，尤其是宋代李公麟的白描諸法，都可在其畫中找到源流，又可見其受到西方繪畫基礎——素描影響的痕跡。在色彩方面，他善於將不同的色彩和顏料用於唐卡的刻畫中，常見的朱砂、花青、青金石、金粉、藍色、鈦白等的交互運用已經發揮得遊刃有餘，而以唐金、唐藍、唐墨為主的唐卡也未遑多讓。他在色彩的綜合利用方面，打破了傳統的主色調，呈現多元化的傾向。他將人物的造型與色彩的配搭交互應用，不同的色彩賦予像主不同的呈現方式，有效地避免了相同題材的程式化傾向。他不僅從一千多年以來唐卡的發展中吸收營養，更從敦煌壁畫或其他外來繪畫中尋求靈感，因而使其繪畫表現出面貌多樣、生機勃發的特色。在每一幅畫的繪製中，他用筆細緻入微，既能做到絲絲入扣，又能在佛像的宏觀氣象中，準確地把握其不同的神態，所謂「致廣大而盡精微」，在其唐卡中得到生動體現。更為難得的是，他所描繪的敦煌佛像，有直接源自於敦煌石窟，也有源自張大千的筆墨風格，線條遒勁，賦色雅麗，是其在唐卡之外的成功探索。作為一個唐卡畫家，他甚至還創作了一些包括廈門大學先賢陳嘉庚在內的現代人物畫像，足見其並非為職業和信仰所囿，能以開放和包容的姿態對不同題材的繪畫作一些嘗試，反映其多方面的藝術才能。

桑吉才讓未到不惑之齡，其人生履歷也剛剛開啟輝煌之年。在其精心繪製的唐卡繪畫中，能看出其心境與才氣的融合。他的繪畫，我看到了一種平和沖淡，看到了彩墨中的佛經，看到了一個當代藝術家孜孜矻矻不懈追求的步履，更看到了一個心向神明、致敬崇高的信仰。所有這一切，都是值得我們靜下心來，慢慢去探究與品味的。

2022年9月13日夜於西壩河左岸

智慧常明畫中境

簡評桑吉才讓的唐卡藝術

文｜陳明
中國國家畫院理論研究所
副所長、研究員

作為具有千餘年歷史的傳統藝術，創作唐卡藝術的難處不言而喻，其一在於其技巧的繁複性和圖式嚴格的規範性；其二在於藏傳佛教教義的艱深。因此，沒有長時間的研習和磨練，想入這一藝術的法門是不可想像的，而想在此基礎上形成個人風格更不可能。千年來，一代又一代的唐卡畫師以非凡的努力為這一藝術的發展貢獻才智，使這門古老的技藝越發光輝燦爛。近些年，在當代經濟文化繁榮的促動下，傳統深厚的唐卡藝術愈加受到業內外的關注，也培育出一大批優秀的唐卡藝術家。在年輕一輩的唐卡畫師中，桑吉才讓是令人矚目的一位。從八歲就開始從事繪畫學習的桑吉才讓很早就顯露出過人的才華，他跟隨工藝大師夏吾才郎學習，藉此獲得入登堂奧之門的機會，陸續創作出一大批優秀之作，成為這一創作領域的翹楚。

唐卡藝術的創作題材均是佛教人物，如釋迦牟尼佛、觀音菩薩、羅漢、金剛等等。這要求畫師不但極其熟悉佛像等人物形象，且對於佛教經典有深入的理解，否則無法達成最基本的規範，更不要說塑造出生動感人的形象來了。桑吉才讓自小沉浸於佛教典籍思想的學習中，自然對佛教的教義和典型故事了然於胸，因此，他在創作《釋迦牟尼佛與十八羅漢》《千手觀音》《獅子吼菩薩》《大威德金剛》《天降佛》《四臂觀音》《綠度母》《長壽三尊》《普賢菩薩》《蓮花生大師》等作品時，均能使觀者體悟到佛國世界的精妙莊嚴，以及佛教教義的精深博大。特別是釋迦牟尼佛和十八羅漢的形象最為典型。為使佛法在佛滅度後能流傳後世，使眾生有聽聞佛法的機緣，釋迦牟尼佛囑咐十八羅漢永駐世間，分佈各地弘揚佛法，利益眾生。所謂羅漢乃阿羅漢之簡稱，為梵名Arhat的音譯。意思有三層：一說可以幫人除去生活中一切煩惱；二說可以接受天地間人天供養；三說可以幫人不再受輪回之苦。即殺賊、應供、無生，是佛陀得道弟子修證最高的果位。羅漢本以佛教小乘為終極目標，但是在佛祖釋迦牟尼的規勸和鼓勵下，羅漢回小向大，「往世不涅」，幫助維護大乘佛教。以此可知，唐卡藝術反復以釋迦牟尼和羅漢為題材，也正為了表現佛祖普渡眾生的大乘宏願。由此可見，唐卡藝術的弘義深邃，令人崇仰。

在這樣的藝術追求中，桑吉才讓潛心於唐卡藝術的繪畫語言磨練中，日復一日地用精妙的線條和絢爛的色彩描繪令人尊仰的佛和菩薩形象，建構出一派光輝燦爛的佛國景象。《釋迦牟尼生平圖》構圖宏大繁複，描繪了釋迦牟尼的生平事蹟，線條極為工謹流利，色彩極其明豔動人，意境莊嚴。《蓮花生大師八相佛》描繪的是藏傳佛教寧瑪派的祖師蓮花生大師。他頭戴蓮花帽，代表具足一切諸佛的加持功德。帽頂有金剛杵頭和羽毛。面相微怒，髭須細小，法相莊嚴。這件唐卡的構圖十分複雜，以蓮花生大師為中心，畫面上方中央為無量光佛，左為愛慧上師、蓮花金剛上師，右為蓮花王上師、釋迦獅子。蓮花生大師蓮座下依次為獅子吼聲、日光上師、蓮花生上師、忿怒金剛上師。在畫家精心的設計下，這些莊嚴肅穆的菩薩井井有條地安置在畫面當中，明亮絢麗的色彩與勁利流暢的線條構織出一個弘麗壯闊的空間。

在描繪中，桑吉才讓還獨具匠心地融入了中國古典山水的元素。比如《釋迦牟尼與十八羅漢》就在畫面中將青綠山水作為背景畫入其中，亭臺樓閣、花卉樹木也很有中國青綠山水的意趣，給莊嚴肅穆的佛像畫增添了一些活潑的氛圍。另一件高兩米、寬三米多的巨制《神昭海表》則以一個氣象恢弘的構圖描繪兩岸人民祭拜媽祖的場景，畫面中描繪了537位人物和25只大小帆船，極盡繁複華麗。兩尊隔海相望的媽祖像，象徵海峽兩岸人民同根同祖、文脈相傳的親情，代表著中華民族的五十六朵牡丹花迎風招展，祥雲繚繞，寓意國泰民安的盛世風貌。《千手千眼觀音》以深色背景襯托，描繪了觀世音菩薩慈悲莊嚴的形象，線條婉轉流利，色彩明妍通透，畫面清麗動人。從這幾件唐卡作品中可以見出，桑吉才讓在藝術創作上廣收博取、相容並蓄，他的作品不但蘊含著深厚的傳統蘊藉，而且充滿了當代審美趣味，從而拓寬了唐卡藝術的創作路徑。他的藝術與時代同步，體現出新一代唐卡藝術家的生機和活力。

唐卡藝術的特殊之處在於其圖像和內蘊都體現出佛教教義的弘深寬大，正如《金剛經》中佛祖對須菩提所言的：「有持戒修福者，於此章句，能生信心，以此為實。」「聞是章句，乃至一念生淨信者」「是諸眾生得如是無量福德」。或許正是這個緣由，唐卡藝術家在創作中始終充滿崇高的精神。讀桑吉才讓的唐卡藝術，正可感受到其中所蘊含的這種精神力量。

藝術生活

YISHU SHENGHUO

JIANYING

剪影

参加上海天使寶貝慈善晚宴 2021年

天使宝贝
ANGEL·BABY

2021爱心大使

桑吉才让

感谢您对上海天使宝贝公益基金会的支持！
让遭受意外伤害的贫困儿童获得更多的帮助和希望。

THANK YOU FOR SUPPORT SHANGHAI ANGEL BABY CHARITY FOUNDATION,
YOUR GENEROUS CONTRIBUTION GIVES THE INJURED CHILDREN HELP AND HOPE.

上海天使宝贝公益基金会
SHANGHAI ANGELBABY CHARITY FOUNDATION

2021年12月

參加青海省第七屆文學藝術獎頒獎大會 2022年

妙筆丹青唐卡藝術展合影（上海） 2021年

桑吉才讓妙筆丹青唐卡藝術展學術研討會 2021年

參加黃山首屆中國非物質文化遺產論壇 2020年

海峽兩岸文博會，國家廣播電視總局副局長、黨組成員孟冬，福建省委常委、組織部部長邢善萍與桑吉才讓交流 2020年

東南衛視海峽藝術名家欄目拍攝留念 2020年

與恩師夏吾才郎之子，中國工藝美術大師更登達吉合影 2020年

筆尖上的修行——桑吉才讓唐卡藝術展合影（廈門） 2019年

參加威尼斯建築設計雙年展平行展「中國關係」主題展（威尼斯） 2018年

參加守望城市財經藝術交流會 2018年

在關山月美術館與中國工藝美術大師娘本師兄合影留念 2018年

現場教學交流 2017年

為觀眾介紹唐卡作品 2016年

義大利總統顧問高塔特收藏桑吉才讓唐卡作品 2016年

給外國友人普及唐卡知識 2016年

參加東方生活美學交流論壇 2016年

參加21世紀海絲佛教福建論壇 2016年

與第六屆中國美術家協會副主席尼瑪澤仁合影留念
2016年

開元迎新春桑吉才讓唐卡藝術展合影留念（福州）
2016年

參加中華媽祖祭拜儀式 2016年

接受泉州電視臺採訪 2015年

於拉薩大昭寺觀摩壁畫時留念 2015年

接受福州電視臺採訪 2014年

受邀參加廣州民間工藝博覽會介紹唐卡藝術 2014年

創作《神昭海表》 2013年

創作《釋迦牟尼佛與十八羅漢》 2012年

與中國工藝美術大師、國家級唐卡傳承人西合道大師交流學習 2011年

於北京創作 2010年

在北京與父親聯合制作泥塑綠度母像 2009年

於吾屯下寺法會 2009年

《中華民族和睦圖》完成留念 2008年

一周歲時與父母合影留念 1989年

個展

2021年 桑吉才讓妙筆丹青唐卡藝術展（上海雲間美術館）

2021年 桑吉才讓妙筆丹青唐卡藝術展（上海靜安寺）

2021年 桑吉才讓唐卡藝術展（上海工藝美術廠）

2019年 筆尖上的修行——桑吉才讓唐卡藝術展（廈門市美術館）

2016年 朝聖者的視覺經卷——開元迎新春桑吉才讓唐卡藝術展（福州三坊七巷開元別院）

2014年 朝聖者的視覺經卷——桑吉才讓唐卡藝術展（泉州文澤藝術館）

參展

2022年 「合頌」唐卡非遺藝術展（三亞南山非遺中心）

2020年 第十三屆海峽兩岸（廈門）文化產業博覽交易會展覽（廈門國際會展中心）

2018年 「文化和自然遺產日」青海成果展（海南藏族自治州文化傳媒中心廣場）

2018年 威尼斯建築設計雙年展平行展「中國關係」主題展（威尼斯）

2017年 2017熱貢藝術全國公益巡展（北京飯店金色大廳）

2015年 作品《釋迦牟尼佛》《文殊菩薩》入選當代工藝美術大師唐卡藝術展（青海省工藝美術協會）

2007年 中國・青海熱貢藝術品唐卡博覽會（黃南藏族自治州同仁縣熱貢文化產品園區）

21世纪禅文明
THE CHAN'S CIVILIZATION IN 21ST CENTURY
2015年12月
第02期
习近平主席提及的中外交流高僧
强迫症的禅法心理疗法
品牌定位与禅定

21世纪禅文明
THE CHAN'S CIVILIZATION IN 21ST CENTURY
2015年12月
第02期
总第02期
习近平主席提及的中外交流高僧
强迫症的禅法心理疗法
品牌定位与禅定

东南早报
唐卡：奇妙的咫尺神韵
创意泉州

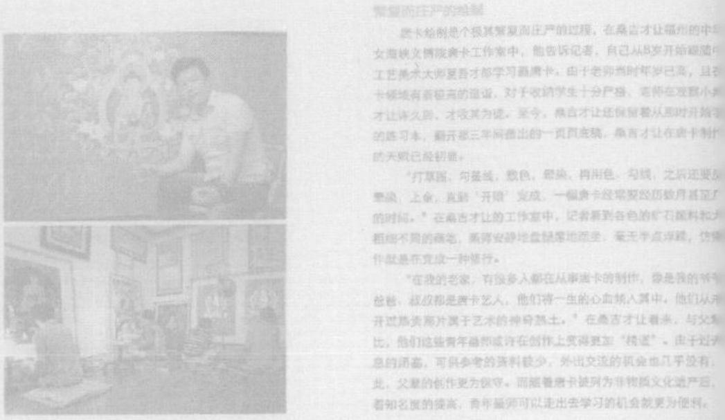

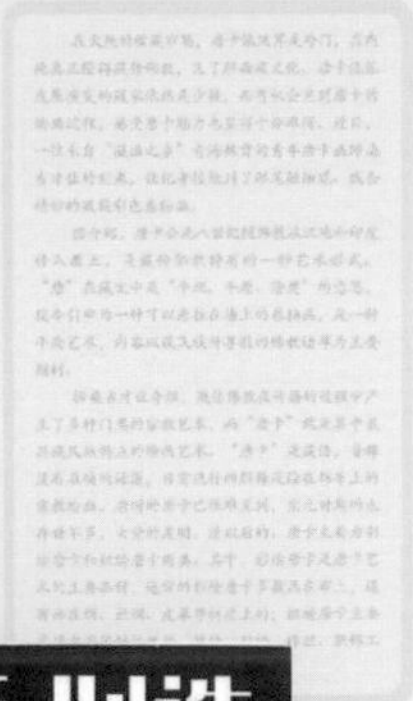

"唐卡"的美 你需慢慢看
泉州首场"唐卡展"这个周日就结束
四种画风融经典，与德化瓷器结合为首创

新生活创业者的知心杂志
生活·创造
LIFE Creation
2013年第8期
总第389期
特别关注
打工文学
人文魂样
桑吉才让的朝圣之路

用眼看唐卡
用心去朝圣

中国民族博览
中国非遗
中华人民共和国文化和旅游部主管
国家文化艺术类学术期刊
·创造
桑吉才让的朝圣之路
STYLE 格调
藏族人桑吉才让
在唐卡中融入国画
"大写意"到"工笔画"
民意
因爱而生 将爱传递
华人艺术家
2020
新春版
总第48期
CHINESE ARTISTS MAGAZINE
158/龙泉青瓷 杨元兴
042/琥珀雕刻 郑升帅
126/摄影艺术 谢竹安
002/青瓷 书法艺术 徐朝兴
封面人物
042/唐卡艺术 桑吉才让
116/青瓷艺术 徐建新
148/国画艺术 金勇
中国艺术报
分析国内外新冠肺炎疫情防控和经济运行形势
研究部署落实常态化疫情防控举措全面推进复工复产工作
"文艺志愿者保险计划"推出
温暖的春天已经如期返乡

证 书

命名桑吉才让为州级非物质文化遗产项目传统美术（热贡艺术）代表性传承人。

黄南州文化体育局
二〇一四年七月

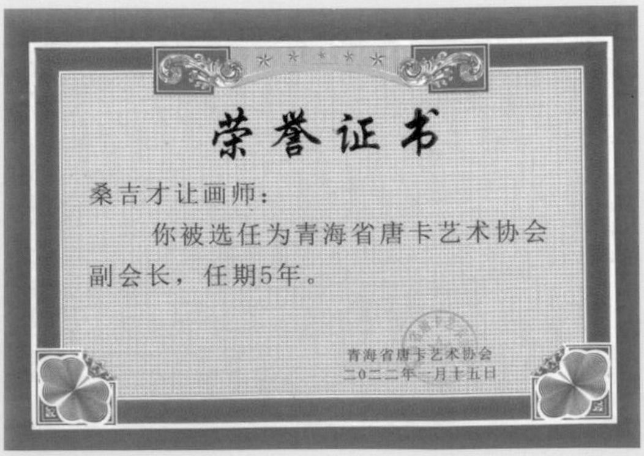

荣誉证书

桑吉才让画师：

你被选任为青海省唐卡艺术协会副会长，任期5年。

青海省唐卡艺术协会
二〇二二年一月十五日

证 书

命名桑吉才让为县级非物质文化遗产项目传统美术（热贡艺术）代表性传承人。

同仁县人民政府
二〇一三年十二月

荣誉证书 证书编号：2020095号

桑吉才让同志：

根据第四届青海省工艺美术大师评审委员会评审结果，经评审工作领导小组研究，授予您（唐卡类）青海省一级民间工艺师荣誉称号。

特发此证。

青海省文化和旅游厅 青海省工业和信息化厅 青海省人力资源和社会保障厅
二〇二〇年十二月三十一日

GAA FOUNDATION

European Cultural Centre

It is a great pleasure to have

Mr. SangJiCaiRang

in China · Relationships 中国 · 关系

themed exhibition in parallel of the
European Cultural Centre Architecture Biennial 2018

Venice, Italy
12 July 2018

ECC Director Signature
Rene Rietmeyer

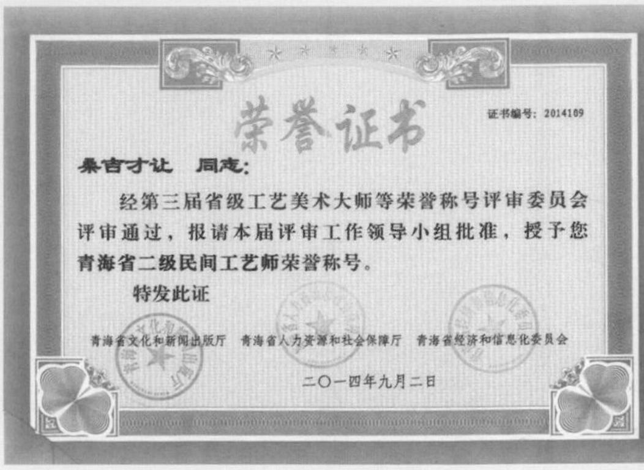

荣誉证书 证书编号：2014109

桑吉才让 同志：

经第三届省级工艺美术大师等荣誉称号评审委员会评审通过，报请本届评审工作领导小组批准，授予您青海省二级民间工艺师荣誉称号。

特发此证

青海省文化和新闻出版厅 青海省人力资源和社会保障厅 青海省经济和信息化委员会
二〇一四年九月二日

荣誉证书 编号：2019D024

桑吉才让先生：

您的唐卡作品《观世音菩萨》受邀参加“相约北京·首届国际唐卡艺术展暨世界唐卡艺术大会”——热贡唐卡艺术主题展，荣获：

精品唐卡奖

特发此证，以资鼓励。

相约北京·国际唐卡艺术展组委会办公室
二〇一九年十二月

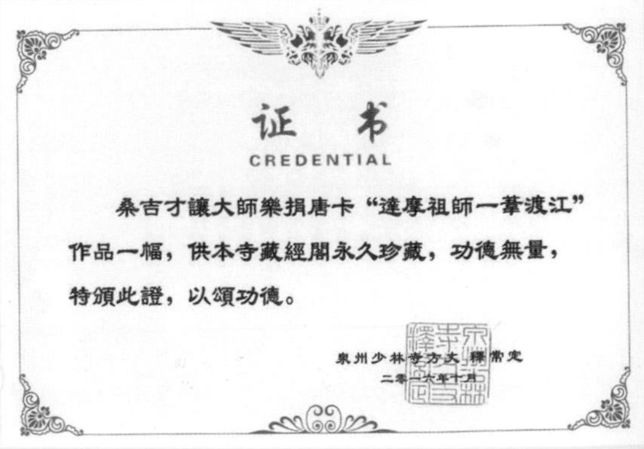

证 书

CREDENTIAL

桑吉才讓大師樂捐唐卡“達摩祖師一葦渡江”作品一幅，供本寺藏經閣永久珍藏，功德無量，特頒此證，以頌功德。

泉州少林寺方丈 釋常定
二零一六年十月

青海省第七届文学艺术奖
获奖证书
桑吉才让：
您申报参评的唐卡《千手观音》，荣获青海省第七届文学艺术奖。
特颁此证
青海省文学艺术奖评奖委员会
2014年10月31日

第十三届海峡两岸（厦门）文化产业博览交易会
参展证书
EXHIBITION CERTIFICATES
神昭海表
第十三届海峡两岸（厦门）文化产业博览交易会由中共中央台办、文化和旅游部、国家广播电视总局、福建省人民政府主办，厦门市人民政府、台湾亚太文化创意产业协会承办，以"一脉传承·创意未来"为主题，于2020年12月04日-07日在厦门国际会展中心举办。经组委会审核，贵单位符合参展要求，同意参展。
特颁此证。
海峡两岸（厦门）文化产业博览交易会组委会
二零二零年十二月
THE 13TH CROSS-STRAIT (XIAMEN) CULTURAL INDUSTRIES FAIR
文化筑桥

荣誉证书
HONORARY CERTIFICATE
桑吉才让 先生：
鉴于您在热贡文化旅游宣传推介工作中贡献突出，特授予：
杰出贡献奖
特颁此证。
同仁市文体旅游广电局
二〇二一年一月

聘书
兹聘请（桑吉才让）先生/女士，担任我会（艺术委员会专家）职务，聘期叁年（2021年6月21日-2024年6月20日）
欧洲艺术协会
2021年6月
Letter of Appointment
This is to certify that Mr./Ms. (Sang Jie Cai Rang) is appointed to take a position (Arts Councilexpert) of our association with a service in terms of 3 years (21 2021 June 2021 20 June 2024).
European Art Association
June 2021

荣誉证书
桑吉才让先生
编号：RG0201
您被评为青海省黄南藏族自治州首届"热贡艺人之家"
特发此证。
黄南州热贡文化生态保护区管理委员会
黄南州文体旅游广电局
黄南州热贡文化协会
2021年6月10日

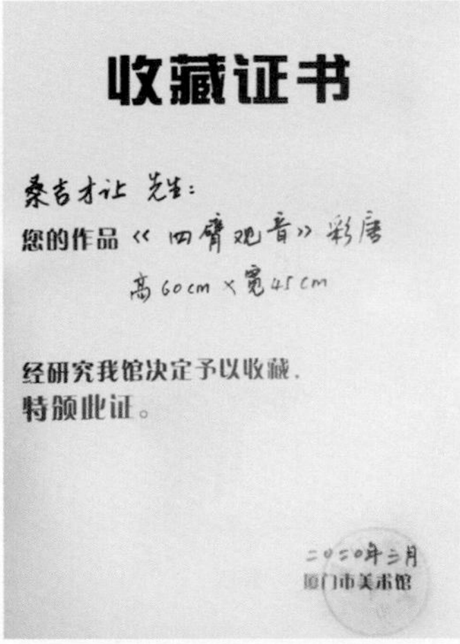
收藏证书
桑吉才让 先生：
您的作品《四臂观音》彩唐
高60cm×宽45cm
经研究我馆决定予以收藏，
特颁此证。
2020年3月
厦门市美术馆

非物质文化遗产宣传展示点
热贡文化生态保护区管理委员会
同仁市文体旅游广电局
2020年

—荣誉证书—
桑吉才让
您的作品《释迦牟尼佛及十八罗汉》在由中国民间文艺家协会、广东省文学艺术界联合会、广东省民间文艺家协会联合主办的2015中国(广东)民间工艺博览会上，经专家评审委员会评定，荣获中国民间工艺精品奖。
特颁此证，以资鼓励。
中国民间文艺家协会
广东省文学艺术界联合会
二〇一五年十一月

省级非物质文化遗产名录 热贡艺术唐卡
Province-level Intangible Cultural Heritage
示范户
Demonstration Center
黄南州热贡文化生态保护区管理委员会
Huangnan State Regong Cultural Ecological Reserve Management Committee
二〇一六年十一月

捐赠证书
桑吉才让先生：
敬悉捐赠本寺唐卡作品：《无量寿佛与八大菩萨》（高109cm，宽76cm）。
特发此证，以致谢忱。
上海静安寺
2021年3月31日

收藏证书
Collection Certificate
桑吉才让 先生
Mr. Sangji Cairang

收藏證書
CERTIFICATE OF COLLECTION
尊敬的桑吉才让先生：
您捐赠的唐卡作品《观音·红唐》，我馆予以收藏。
感谢您对我馆的大力支持！
特发此证！
晋园美术馆

菩薩信仰是藏傳佛教藝術中的重要內容之一，唐卡藝術尤擅長描繪表達對菩薩的崇拜的創作。桑吉才讓畫師虔心繪製的觀音菩薩、文殊菩薩、普賢菩薩、地藏菩薩也被四大佛教名山所收藏，他的唐卡作品《達摩祖師》被少林寺收藏，並受到釋道慈大和尚、釋永信大和尚、釋妙江大和尚、釋永壽大和尚、釋慧慶大和尚等的稱讚與肯定。

獲得榮譽

2019.03　獲「全國工藝品交易會2019年『金鳳凰』創新產品設計大獎賽」銀獎

2019.09　獲「2019『百花杯』中國工藝美術精品獎」銅獎

2019.12　獲「首屆國際唐卡藝術展」精品獎

2019.12　作品《觀音菩薩》獲「相約北京國際唐卡藝術展」精品唐卡獎

2018.03　獲「全國工藝品交易會2018年『金鳳凰』創新產品設計大獎賽」銅獎

2018.11　獲「第十二屆合肥國際文化博覽會」金獎

2017.09　作品《觀音渡海》獲「第八屆中國天津工藝美術精品博覽會」金獎

2017.11　獲「第八屆中國工藝美術精品博覽會」金獎

2014.05　獲「2014年福建省油畫精品展」金獎

2014.10　作品《千手觀音》獲青海省第七屆文學藝術獎

2004.10　獲「第三屆中國國際民博會暨第二屆中華（天津）民間藝術精品博覽會」金獎

作品收藏

2022.11	廈門大學群賢樓（189cm×300cm 彩唐 2021年）	廈門大學
2021.06	觀音（44cm×28cm 彩唐 2021年）	雲間美術館
2021.08	無量壽佛與八大菩薩（109cm×76cm 彩唐 2019年）	上海靜安寺
2020.03	四臂觀音（60cm×45cm 彩唐 2019年）	廈門市美術館
2020.03	阿彌陀佛（60cm×40cm 彩唐 2019年）	福建省海峽藝術館
2019.09	釋迦牟尼十八羅漢（100cm×70cm 彩唐 2018年）	黃南藏族自治州熱貢藝術博物館
2019.12	自在觀音（44cm×33cm 墨唐 2019年）	中華人民共和國文化和旅遊部恭王府博物館
2016.03	白度母（30cm×18cm墨唐2016年）	義大利總統顧問高塔特
2016.08	達摩祖師（70cm×52cm 彩唐 2022年）	河南少林寺
2016.09	四臂觀音（80cm×60cm金唐 2015年）	中華媽祖文化交流協會
2016.10	達摩祖師一葦渡江（80cm×60cm 彩唐 2016年）	泉州少林寺
2016.11	阿彌陀佛（90cm×65cm 彩唐 2016年）	福州開元寺

國家圖書館出版品預行編目(CIP)資料

桑吉才讓妙筆丹青 / 錢陳翔主編.
-- 初版. -- 臺北市 : 藝術家出版社, 2022.10
372面 ; 18.5×26公分
ISBN 978-986-282-307-1(精裝)
1.CST: 唐卡 2.CST: 佛教藝術 3.CST: 作品集

224.52 111015019

桑吉才讓 妙筆丹青

錢陳翔 / 主編

發 行 人 | 何政廣
總 編 輯 | 王庭玫
編　　輯 | 劉鑫鳴、陳悠笛、三智
美　　編 | 魔力口袋·嵐

發行單位 | 藝術家出版社
臺北市金山南路（藝術家路）二段165號6樓
電話：（02）2388-6715
傳真：（02）2396-5708

初　　版 | 2022年10月
定　　價 | 新臺幣1329元

ISBN 978-986-282-307-1

法律顧問 蕭雄淋

行政院新聞局出版事業登記證局版臺業字第1749號